築地移転の謎 なぜ汚染地なのか

石原慎太郎元都知事の責任を問う

築地市場移転問題原告団・弁護団
梓澤和幸・大城 聡・水谷和子［編著］

花伝社

築地移転の謎　なぜ汚染地なのか——石原慎太郎元都知事の責任を問う◆目次

はしがき　弁護士　梓澤和幸　5

第1章　百条委員会で何が明らかになったのか　原告　水谷和子　8

1　遠のく豊洲への道　8
2　築地の雰囲気を劇的に変化させた都専門委員の築地改修案　9
3　なぜ築地再整備計画は中断したか　10
4「汚染を全部除去する」なぜ、できもしない約束をしたのか　13
5　最大の難関、財産価格審議会を都はどう突破したか　17
6　崩れた筋書き「汚染は除去された」　19
7　真相解明に向けて　19
コラム1　豊洲移転は小池都知事だけでは決められない　21

第2章　石原慎太郎元都知事の責任を問う　弁護士　大城　聡　23

1　はじめに　23
2　汚染問題を考慮せずに東京ガス工場跡地を市場移転先に選んだ責任　24
3　深刻な汚染の状況を知りながら移転を強行した責任　29
4　汚染を考慮しない価格で高濃度の汚染が存在する土地を購入した責任　37

コラム2　生鮮食品を扱う市場として安全とはいえない　40
第3章　なぜ住民訴訟をおこしたのか　水谷和子　41
1　発端は朝日新聞記事　41
2　第二次住民監査請求と本件訴訟　43
3　コアサンプル廃棄差止め訴訟について　44
4　専門家会議の資料——都の行った第一の偽装　45
5　都の行った第二の土壌汚染偽装　46
6　衝撃の「ゆり子グラフ」　47
7　味噌汁はもっと濃い濃度の味噌からつくられる　49
8　市場として問題だと思われるこれだけの理由　51
9　地下水モニタリング偽装と土対法の調査方法はセット　52
10　おわりに　53
コラム3　豊洲新市場の施設は使いにくい　54
第4章　豊洲新市場用地取得に関する住民訴訟を読み解く　59
Ⅰ　住民訴訟とその法的論点　弁護士　斎藤悠貴　59
1　小池都知事による住民訴訟対応方針の見直し　59

2　長きにわたる闘いの日々　60
3　住民訴訟のしくみ　61
4　原告の主張を知る　65
コラム4　豊洲新市場は〝使い切り〟　71

Ⅱ　都の反論　弁護士　本田麻奈弥　74
1　住民訴訟における東京都の姿勢　74
2　東京ガスから土地を購入するまでに起きていたこと　77
3　裁判における都の主張　84
4　裁判での都の主張と情報開示から見えるもの　92
5　裁判所と築地移転問題　94
コラム5　築地ブランドを守る道　98

さいごに　大城　聡　101

コラム（すべて）　弁護士　熊澤美帆

資料　(1)

はしがき

弁護士　梓澤和幸

築地はなんといっても朝です。人々は朝3時には起床し、長靴をはき、作業着に身をつつんで、車で、あるいはリヤカーや軽子車をひっぱって、市場に入ります。セリの始まる5時前後には場内の広場にターレ（前面ガラスのない立ち乗りの荷車）が速度を上げて進んでいます。一番殺到する時間には車は場内の広場で渦巻きの円を描くかのようにそれぞれの方向を目指します。のぼって来た太陽の光が斜めに照らし出す男たちの表情は独特の緊張と品格をたたえています。

幾百万都民の日々を支える魚や青果の卸、仲卸、の売りと買い、料理店や小売商への配送は真剣勝負そのものです。この光景を目のあたりにした人は誰しも荘厳な思いに包まれることでしょう。

東京都の設置した専門家会議によって、２００８年、築地市場の移転先とされる豊洲の東京ガス工場跡地の汚染調査がされました。

移転先の土壌を掘り地層調査をした検体（ボーリングコアサンプル）が廃棄されそうだ、この廃棄を差し止めてほしいという要請が弁護団に寄せられました。コアサンプル差止め訴訟は仲卸業者と消費者が原告となり、東京都を被告として、２００９年5月に訴訟提起しました。

裁判が始まって分かったのは、関係する東京都の公務員たちの不誠実な対応でした。築地で働く人々とそれはあまりにも対照的な態度でした。

汚染の程度がどうか、働く人、市場から供給される食品が安全なものかを検証するのに不可欠なコアサンプルを捨てなければならない理由は、ただの一度もきちんと主張されたことはありません。裁判ははじめ原告と弁護団を見下げたような態度の裁判長を粘り強く説得することから始まりました。２０１３年12月まで続き、原告の要求を受け入れないとする最高裁の結論をもって終結しました。

「住民運動裁判は勝ち負けにかかわらず、法廷は運動側の演壇となり、訴訟手続は情報公開の役目を果たす」。私たち弁護団は厳しい状況の中でもこのことを信じて、コアサンプル廃棄差止め裁判を続けました。この手続の中で獲得した東京都側の資料と主張が、その後の住民訴訟の力になっているとの原告・水谷和子さんの言葉（畑明郎編『築地市場の豊洲移転？』本の泉社、64ページ）は、うれしい励みとなるものです。

本書は２０１１年に行われた、東京都による不当に高額な土地売買契約を問題とする住民訴訟の現状と争点、今後の方向を読み解くものです。

東京都は築地市場の移転先とされる豊洲の東京ガス跡地が、ベンゼン、ヒ素、シアン、鉛、水銀、六価クロムなどの化学物質で汚染されているのに、その汚染除去費用を正しく折り込むことなく、異常な高額で買い取りました。この買い受けにより東京都の財産が毀損されています。

東京都は石原慎太郎都知事（当時）の責任を認め、同知事にその責任追及をせよ、とするのがこの住民訴訟です。

２０１７年3月から4月にかけて東京都議会で、地方自治法に基づく百条委員会が行われました。証人として出席した石原慎太郎氏、濱渦副知事（当時）、関係部局の責任者たちの弁解や証言態度は、耳を疑い、目を疑うほど倫理観にかけ、責任逃れに徹するものでした。

しかし大事なことは、この証言に接する中で、かき消すことのできない疑問が少なくない人々の胸に湧き上がり、真実解明の要求が高まったことです。

第1　ベンゼン、シアン、ヒ素、鉛などの毒物で汚染された土地だとわかっていながら、なぜ築地から豊洲に移転しようとするのか。それも強行的に移転しようとするのか。
第2　汚染された土地をなぜ無理を承知で、汚染されていない前提の価額で買い入れようとするのか。
第3　このたくらみを推進した人々はいかなる内心の意図をもち、いかなる故意をもち、いかなる組織系統、指揮系統で物事を推進してきたのか。
第4　石原慎太郎知事という人は公権力の座にあり、その施策と発言でさまざまの場面で影響力をもち、時に、人々を苦しめてきた勢いをもった政治家でした。その力で豊洲移転の実現のためいかにして人を動かし、指揮、監督をしてきたのか。高額の土地買い入れの動機は何だったのか。その権限行使に本当に法的責任はないのか。

住民訴訟手続は、司法手続の廉潔性によってこうした疑問を解明する力を持つはずだというのが私たちの信ずるところです。その前提にたって、裁判をめぐる詳しい事実関係、法律的な争点を分かりやすく説明します。

同時に、私たちがこの国と首都の主人公として、政治、行政、地方自治の組織の上部にあって権限を行使する人々に、厳しい監視の目をむける方法を提示したいとも考えます。お読みになった方々に、「ああそうだったのか」と膝をうって納得していただき、首都と国において日々営まれている政治への鋭い視線を育てていただけることをも目指したいと思います。

著者一同、一見難しいことでもやさしく、面白くなるよう力を尽くします。ご期待ください。

第1章　百条委員会で何が明らかになったのか

原告　水谷和子

1　遠のく豊洲への道

豊洲新市場の開場予定は２０１６年11月中旬でした。小池都知事の宣言で開場がいったん延期になりましたが、その月末に採水された地下水から、ベンゼン79倍という土壌汚染対策法（以下土対法）の指定基準を超える汚染や、検出してはならないシアン化合物も見つかりました。それまで「移転やむなし」として準備していた仲卸さんなど事業者さんたちの空気は、これで一変しました。取引先から「豊洲市場なら取引しない」との声が相次いだからです。

年明けに発足した築地で働く女性たちの「築地女将さん会」が水産仲卸事業者から集めた移転中止を求める請願署名は、全事業者の約7割に及ぶ３９３筆集まりました。この時点で、豊洲新市場はもはや「行ってはいけない場所」となったのです。事業者さんからは「金融機関担当者から『築地リノベーションなら融資を前向きに考慮します』と。豊洲市場ならどうなのと聞くと苦笑いをしていた」などの声もあり、現実的に、豊洲への道は一層遠のいていることがわかります。

2　築地の雰囲気を劇的に変化させた都専門委員の築地改修案

２０１７年4月、市場問題プロジェクトチーム（通称ＰＴ）の小島座長率いる専門委員は、築地市場の講堂を仲卸さんなど築地市場で働く人たちや報道関係者で満席にして「意見交換」を行いました。会場が熱気に包まれていたのは、初めて築地改修案が示されたからです。

豊洲新市場移転の場合の分析から始まる専門委員の説明ですが、60年間の累積赤字1兆１４２０億円との数字を提示、20年を経ずに資金がショートすることを予測しています。豊洲開場後の市場会計破たんの回避方策は、①使用料値上げ、②11ある他市場の売却、③税金投入……それしかないのですが、「移転を予定している人は、さてどう考えるのですか」と小島座長は壇上から問いかけました。

初めて示された築地改修案については、期間7年、整備費７３４億円、ローリング方式により営業しながら改修、アスベスト処理も含め改修工事は技術的に問題はなく「出来ます！」と結論付けています。築地改修案の場合の市場会計への影響は、豊洲新市場費用６０００億円には４３００億円の売却益充当。豊洲新市場開場による年間赤字１００～１５０億円を回避のうえ、築地改修の市場会計への影響は当面10～20億円にとどまり、持続可能な計画であるとしています。

会場からは専門委員による築地改修案の提示に感謝を述べる発言が相次ぎ、また、築地改修に向け協力を呼び掛けようとの声も上がり、満場の拍手が沸き起こりました。会場全体が「築地再整備は不可能」とされてきたこれまでの呪縛から解き放たれた瞬間でした。このように築地改修が可能だと明快に示せるのなら、これまでの20年間は一体何だったのかということになります。

3　なぜ築地再整備計画は中断したか

豊洲新市場の一連の問題を調査する都議会の百条委員会が、17年3月より開かれました。19日に行われた濱渦元副知事への尋問で浅野委員（東京改革）は、臨海会計の破たん処理が築地跡地売却と市場の豊洲移転計画の要因ではないかと質問しました。

濱渦氏は否定しましたが、それを裏付ける資料が百条委員会に提出されていました。開示請求で確認しま

百条委員会って何？

地方自治法第100条は、地方議会に自治体の事務についての調査権を与えています。その調査をするために設置される特別委員会のことを、条文の番号をとって「百条委員会」と呼んでいます。百条委員会は特定の事件ごとに設置されるもので、今回の市場移転問題についての百条委員会は、正式名称を「豊洲市場移転問題に関する調査特別委員会」といいます。

百条委員会では、調査の対象に関係するすべての人に出頭を求めて証言をさせること、記録の提出を請求することができます。これに基づいて、石原元都知事や濱渦元副知事、東京ガスの元幹部らの証人尋問が行われ、今まで明らかになっていなかった書面が東京ガスから提出されました。

この証人尋問や記録の提出は義務であり、正当な理由がないのに拒んだり、偽証をした場合には、刑事罰が科される可能性もあります。実際、マスコミでは、濱渦元副知事を偽証で告発するという話も出ています。地方自治法第100条9項は、偽証したものと認めるときには、議会は告発しなければならないと規定していますので、議会には十分な検証をしてもらう必要があります。

したが、99年5月石原都知事、福永・青山両副知事、濱渦秘書が臨席した会議資料です。「局の概要」予算欄に積立金の状況3005億円、その内訳として一般会計貸付金（規貸付）400億円、同（11年度）2000億円とあります。つまり貸付金を除くとこの時点で605億円しか残らず、再整備を続けられなかったことがわかります。そして同年8月の開示資料には石原都知事が「予算の面が何より重要だな。ローリングなんかやっていられない。移転しかないな」と発言して、移転が決定付けられました。そして半月後、石原都知事は初めて築地市場を視察しました。石原都知事の視察はこれが最初で最後です。

2001年3月の都議会議事録を紐解いてみます。予算特別委員会で林委員（民主）は、「市場の会計から今2400億、平成8年度に400億、それから平成11年度に2000億、繰り出していますよね。それで、平成8年の400億は5年据え置きの一括償還、それから、この2000億の方は5年据え置いて、5年間で返す、まあ年払いみたいな形で5年で返すということでありますけれども、これは約束どおり履行されるのかどうか。そしてまた、戻ってきたやつが市場整備に使われるのかどうか、確認をさせていただきたい」。それに大矢中央卸売市場長が「市場が一般会計に貸し付けております2400億円の資金は、約束どおり返済されることになっております。この資金は、築地市場を始め、中央卸売市場の計画的な整備に用いるものでございまして、これは協定書によって確約をしてございます」と回答しています。

400億円を一般会計に貸し出した96年といえば、91年に着工していた築地現在地再整備工事が中断した年です（巻末年表参照）。中断の理由は「当初2380億円で予定された再整備を再試算すると3400億円にも膨らみ、工期も20年掛かる。種地が無くて業界の調整が不可能」とするものでした。再試算で3400億円と1000億円増えたことについて、99年8月の資料には建設費2400億円の記述もあり、デマだった可能性があります。工期20年も中断の理由としては大分不可解なもので、築地再整備は不可能だとするストーリーは、市場会計の操作を隠す目的で作られたものだと考えられます。しかしその後20年間、築地

市場資金残高の推移

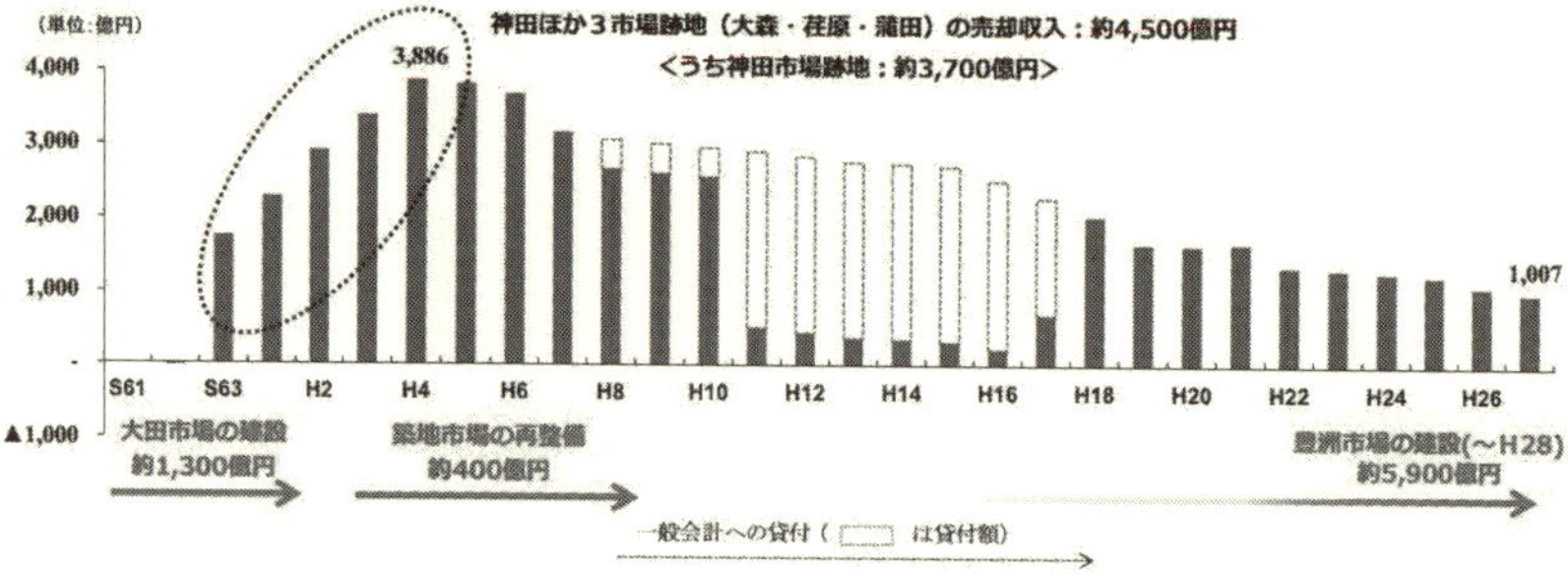

出典：市場のあり方戦略本部資料

の事業者さんたちはそれに縛られることになります。

結局、目減りした市場会計の穴埋めとして、築地市場跡地の売却、豊洲への市場移転計画はセットで進められました。臨海会計を所轄する港湾局は豊洲埠頭の根元付近に敷地を所有し、半島全体の区画整理事業の事業者でもありました。港湾局は東京ガスと汚染をゼロベースで換地、その後市場に売却しました。ここでも市場会計は港湾局の会計を支えています。もう一つ港湾局が豊洲に市場を立地させる理由は、護岸工事330億円を巡るものです。本来港湾局の責任範囲だったところを一旦区画整理事業者負担に、最終的には市場会計が負担することになったのです。これも東京ガスとの用地交渉の材料とされました。

88年、鈴木都知事が鳴り物入りで立ち上げた「東京臨海副都心開発基本計画」が発表されました。80年代後半の土地の投機熱が頂点に達したあたりの話ですが、91年、ちょうど築地再整備計画が着手された時期にバブル崩壊を迎え、臨海部に進出した企業の撤退が相次ぎ、権利金の返済が待ったなしの状況となり、臨海開発会計は破たん寸前に追い込まれました。一般会計に貸付けた市場会計でその危機を脱したのですが、結局は築地再整備の資金が、鈴木都知事によるバブリーな政策の尻ぬぐいに使われたことになります。都の逼迫した財政状況は当然東京ガスも知っていたはずで、その後の用地交渉は東京ガスの完勝に終わりました。焦った方が負けのゲームです。

4 「汚染を全部除去する」なぜ、できもしない約束をしたのか

「地下水は飲まないし法令上は問題ない。汚染の除去は過剰な安全対策だ」

これは17年3月に公表された地下水モニタリングの再調査で基準の100倍のベンゼンが検出されるに至っても、早期移転を主張し続ける議員たちの言葉です。これが天に唾することだと気づかないのでしょうか。都民との約束を破ってもよいと言っていることと同じです。

平成22年度予算額付帯決議は「無害化された安全な状態での開場を可能とすること」です。この文言について2011年2月の予算特別委員会で岡田中央卸売市場長は、「汚染土壌が無害化された安全な状態とは、技術会議により有効性が確認された土壌汚染対策を確実に行うことで、操業に由来いたします汚染物質がすべて除去、浄化され、土壌はもちろん、地下水中の汚染も環境基準以下になることであると考えてございます」と答弁しています。当時の都リーフレットにも、「土壌も地下水も環境基準を超える汚染物質はすべて除去します」と明記されており、これは広く都民に約束されたことでした。

しかし、専門家会議の議論を振り返れば、これは不可能な約束であることはすぐに分かります。汚染が全部除去されていれば、そもそも盛り土など必要なかったのですから。専門家会議は4万3000倍のベンゼン汚染に驚き周囲を徹底調査しましたが、周囲からは同様の汚染は見つかりませんでした。直径約7㎝のサンプリングの管がたまたまベンゼンを含むタール溜まりに当たって見つかった汚染であり、タール溜まりは無数に散らばっているため、全部の汚染を調査でとらえることはできないというのが専門家会議の結論です。

したがって調査で見逃す汚染の対策として、盛土と地下水位管理で地表への気化ガスをコントロールするというのが同会議の提言でした。結局専門家も汚染を全部除去するのは不可能だと言っているのです。豊洲

の場合、汚染は密度も濃度も国内最大規模のものです。調査で見逃す汚染も大量になることは容易に想像できます。

ではなぜ、できもしない「汚染物質、全部除去」を都は約束したのでしょうか。その謎を解く言葉は「除去」です。東京ガスとの用地交渉の際、「汚染の除去」をしなくてもよいという約束をしてしまったことから この話は始まります。

前述の通り99年8月、石原都知事の移転の決断を受け、濱渦氏が用地交渉で東京ガスに乗り込んだのは、2000年10月です。その時に東京ガスが濱渦氏に示した用地交渉に応じる条件は、「開発者負担金と土地価格について」都が示すことです。土地価格は、土壌汚染をどう評価するかで大きく変わりますから、交渉の中身が問題になります。その後の交渉が水面下だったことで記録がほとんど出てこなかったのですが、百条委員会に提出された資料の山の中から興味深い資料がいろいろ発見されました。

とりわけ、東京都の東京ガスに対する用地交渉に関する東京ガスの00年12月22日付のメモです。これについて音喜多委員（都民ファ）は百条委員会で、「都の条例を適用すれば、石原都知事が安全宣言を出せる」「中曽根、石原、扇、亀井はバッチリ」など、政界を背景にちらつかせながら、「土壌Xデー」を前に用地交渉に応じるように迫ったものではないかと尋問しています。交渉者は当時の濱渦副知事の腹心の部下、赤星政務報道理事、翌年7月環境局長になった人物です。

「土壌Xデー」とは恐らく、東京ガスがガス工場跡地の汚染調査を公表する日と考えられます。実際同社は年が明けた01年1月25日に豊洲、大森、千住、相模原の汚染状況を公表しました。豊洲の場合土壌で最大ベンゼンが1500倍、シアンが490倍ですからやはり深刻な状況報告ですが、同時に汚染対策として「10月施行の都の環境確保条例の理念を先取りして対応する」旨を記しています。メモにある通りなら、都の「圧迫」交渉に応じたことになります。

環境確保条例は00年12月成立、01年10月施行、土壌汚染対策法は02年5月成立、03年2月施行です。土対法では調査の基準が10mメッシュと厳しくなりますので（条例では基本30mメッシュ、ベンゼンは20mメッシュかつ汚染の濃いところ）、その前に条例を適用させることは、汚染のボリュームを小さく見せることができます。都が条例適用を用地交渉の武器にしたことで、交渉は一気に進んだと考えられます。ここで問題なのは、都が約束した「都の条例を適用すれば、石原都知事が安全宣言を出せる」です。

条例では３０００㎡の土地の改変および周囲で井戸を使用していないという条件で第１１７条が適用されることになりますが、同条文では対策として、汚染が基準を超えたところの「拡散防止」を義務付けているに過ぎません。つまり「除去」をしなくても都知事が安全宣言をしてしまうことが問題なのです。安全宣言を出す以上、汚染除去の追加工事はこの時点で想定しないことになります。結局環境確保条例は「安全」の隠れ蓑になり、残置汚染の隠蔽はその後もずっと続くことになります。官製土壌《ソイル》ロンダリングです。

百条委員会に提出された資料の中には、用地交渉に関するさらに重要な文書が見つかりました。膨大な東京ガスの資料の中から出てきた01年7月18日の「基本合意にあたっての確認書」で、濱渦副知事が東京ガスと水面下の用地交渉を開始した後のいわゆる密約文書です。この文書には開発負担に関する具体的な数字と土地の評価にも初めて触れ、「都の指導に基づき、現在進めている拡散防止を目的とした現処理計画で対策を実施し、土地の譲渡を行う」と記されています。「拡散防止」とは地面を健全土やアスファルトなどで覆う「覆土」を指します。明らかに汚染の「除去」ではありませんが、これを明記した文書としては一番古い時期のものになります。

密約文書01年（7月18日）確認に名前のあるのは野村当時政策報道部長ですが、役職からして単独で結べるような内容ではないことから、百条委員会で「誰に命令され、誰に報告していたか」の尋問を受けました。結局野村氏は「忘れた」として責任者の名前を口にしませんでしたが、では誰を庇っていたのでしょう。

濱渦氏が用地交渉で東京ガスに乗り込んだのは00年10月ですが、その時に東京ガスが濱渦氏に示した用地交渉に応じる条件は「開発者負担金と土地価格について」都が示すことです。ところが濱渦氏の結んだ01年7月6日の日付の基本合意文書には、その2つの条件提示がありません。従って、この基本合意と条件提示をした確認文書はセットでなければならなかったことが分かります。濱渦氏の主張は「基本合意を結んだ7月6日以降は一切相談に預からない」とするものですが、その後の氏の関与に関する資料も続々と見つかり、都議会では濱渦氏を偽証罪で告発する動きが活発となりました。濱渦副知事の部下の赤星政策報道理事も、01年6月末日付で環境局に局長待遇で異動になりました。両氏はこの密約文書の危うさを知っていた立場でした。逃げ切れず一人足跡を残したのが野村部長だったと推測します。

この密約文書の後に結ばれるのが、区画整理事業者間の平成14年合意（02年7月）です。従前の所有者は「条例に基づき対応」するとして、表の文書としては初めて、汚染の除去を求めない文言が記されました。結果、その後の汚染に関する交渉で東京ガスはずっと優位に立ちます。

百条資料に、この合意時のQ&A文書もありました。汚染対策後で、換地の後に汚染が見つかった場合の汚染対策について、基準の10倍以上のものは従前の所有者責任とする記述がありました。このように換地時には拡散防止で良いとし、売買では一部追加負担を求める複雑な約束なので、その後の都と東京ガスの話し合いは混乱が続きます。03年頃からの都と東京ガスとの交渉記録を読むと、東京ガス側がこの01年確認文書を前提に話をするのですが、都の担当者が理解できず、議論が嚙み合わない場面が多くみられます。都の担当者は01年確認文書を見ていない可能性が高く、東京ガスの担当者が怒り出します。この文書は、東京都内部のどこか深いところに隠された可能性があります。続く03年交渉の3回目、10月30日の記録の冒頭で都知事本部担当者は「東京ガスの現処理案は、東京都環境確保条例で求める処理のレベルは最低限満たすことはできるものの、都民には必ずしも受け入れられない。操業由来の汚染土壌を処理しないまま売買を行えば、都も、東京ガスもその社会的責任の欠如を将来にわたって言われる」と、東京ガスに追加の対策工事を迫っています。都と東京ガスの共犯関係を逆手にとったのです。

この発言に屈したかのように、東京ガスは追加対策の要求をのみ、05年5月、都と「豊洲地区の土壌処理に関する確認書」平成17年確認（前川知事本局長ら押印）を結びます。汚染については「AP＋2mより下部に存するものを除き、除去する」とあり、一部は追加で除去するものの、大量の汚染の残置を認める内容でした。10年1月、朝日新聞がこの確認文書をスクープしました。これが第一次公金返還請求訴訟のきっかけになった記事です（現在は第二次、記事は第3章に掲載）。

このように東京都は、覆土などの「拡散防止」または「一部除去」でよいとする合意や確認文書を結んだ結果、東京ガスが全部汚染を除去するという二枚舌を使うことになります。都はなぜ二枚舌を続けたのでしょうか。それには汚染地の不動産評価が深く関わっています。

5　最大の難関、財産価格審議会を都はどう突破したか

国土交通省は「不動産鑑定士が行う不動産鑑定評価の適正化を図るために」、その拠り所となる「不動産鑑定評価基準」を定めています。02年7月の改正時には、同時期（5月）に成立した土壌汚染対策法も反映しています。

バブル崩壊後、不動産は資産重視から収益性が重視され、また日本式の会計も国際化の流れで時価会計方式が導入されつつありました。汚染地の評価基準はそのような流れのなかで改正されました。改正にあたって不動産鑑定協会02年4月「運用上の指針Ⅰ」に、「土壌汚染を価格形成要因から除外して鑑定評価を行える場合の考え方」としては「法令等により汚染が除去さたことが確認できる場合」と記しています。不動産

鑑定士さんたちはこのような評価基準に沿って鑑定することになりますが、問題の財産価格審議会※のメンバーの半数は不動産鑑定士や不動産鑑定の研究所、鑑定協会などで構成されていますから、今回のように「汚染があるのに汚染なしの価格評価」を目指す都としては、これを突破するのはなかなか困難です。第一の難関は06年の土地購入時に訪れます。

※財産価格審議会とは、東京都財産価格審議会条例に基づいて、東京都の公有財産の処分や財産の取得に関し、適正な価格及び料金を評定するため、知事の附属機関として設置された審議会のこと（条例第1条）。委員は不動産鑑定士や弁護士、東京都の職員などが担う。

豊洲新市場用地は37・2haですが、そのうち44％は区画整理事業の換地によるものです。ほとんど汚染の無い都港湾局の所有地と汚染の残っているガス工場跡地を交換しています。まさに金の土地と鉛の土地の交換ですが、汚染対策は平成14年合意により、拡散防止対策後汚染をゼロベースで換地しています。残りの56％の市場用地は06年に10・18ha、11年に10・8haを購入により取得しています。

06年の市場用地購入には街区別に2回の財産価格審議会を経ています。用地交渉の経緯から都としては、実態として汚染が残っているのに汚染が無いものとして汚染地を評価されなければならない局面です。5街区分の財産価格審議会は06年1月です。汚染に関する評価条件は「東京ガスが掘削除去することになっているため……考慮外とする」とあり、また7街区分は06年11月、汚染に関して「すでに条例に基づく適切な処理対策が実施され、その作業は完了しており、現在汚染物質は存在しない」と記されています。つまり嘘の議案書を作成しなければこの局面は突破できません。このことに関して開示請求した百条資料「市場長から財務局長あての市場用地取得依頼書」によれば、環境確保条例に基づき手続きを進めているとしか書かれていません。つまり「除去」を示唆する文言は財務局官僚の作文だったことになります。結局、この議案書の「汚染は除去された」の文言に、その後の汚染対策が拘束され、都民を騙すために掘った落とし穴に自ら落ちることになるのです。

6　崩れた筋書き「汚染は除去された」

この移転事業には2つの大きな誤算がありました。1つは小池都政の誕生ですが、もう1つは石原氏3選目を賭けた都知事選挙の選挙公約です。石原氏は当時大きくなっていた移転反対運動に決着をつけるべく、専門家会議の開催と汚染の検証を公約に掲げました。東京ガスとの用地交渉を成立させ、市場用地の7割を取得することに成功した都知事は、次に、2016年のオリンピック招致に照準を合わせ汚染問題の早期解決を急いだものと思われます。が、結局それが仇となります。

石原都知事は選挙後すぐに専門家会議を開きました。その調査で08年土壌から土対法の指定基準でベンゼン4万3000倍、シアン化合物860倍（後に930倍）、地下水からベンゼン1万倍などの桁違いの汚染が見つかりました。一旦は東京ガスの汚染対策で「汚染は除去された」と説明してきた経緯もあり、専門家会議による大量の残置汚染の発覚は、都にとって説明のつけようのない事態でした。しかし都は「食品を扱う卸売市場であるから、法令以上の手厚い対策をする」と言い、問題を「汚染は除去した」から「汚染は除去できる」にすり替えたのです。石原都知事は10年10月の定例記者会見で移転宣言をするのですが、土壌汚染については「日本の先端技術をもってすれば克服できるという結論が出ているわけです」と言っています。このような「本質ずらし」は、その後も大手を振って続きます。

7　真相解明に向けて

現在進行中の第二次公金返還請求訴訟は11年に購入された、残りの市場用地10・8ha、市場全体の約3割分のものです。06年に取得された分と状況が決定的に違うのは、東京ガス対策で残置された汚染の処理量が算出されたことです。09年2月に開かれた技術会議の試算は新技術導入による費用削減が強調され、586億円とされましたが、実際の工事費は約860億円にまで膨れ上がっています。

汚染の実態が発覚してしまった以上、問題は、どのように財産価格審議会を突破したかです。06年の財産価格審議会のように「汚染は除去」だとの嘘は使えないからです。結論は「審議放棄」でした。11年3月の財産価格審議会では汚染について「費用負担について、都が東京ガスとの間で協議の上、別途取り扱うとしている」として評価は考慮外としています。都と東京ガスの当事者間の協議に丸投げしたのですから、公正な評価はできないのは目に見えています。

この土地に関する不動産鑑定評価報告書を作成した川藤不動産鑑定士は「入札の仕様書に、付近の土壌汚染は『考慮外』という付記がされていた」と、発注通りに鑑定を行ったことを百条委員会で強調しました。これでは「考慮外」以外の評価は出すなということであり、鑑定評価の公正性に疑義が生じます。

また、百条委員会では78億円で決着した「協議」についても取り上げられました。平成17年確認文書締結直後、東京ガスに特別役員待遇で天下りした前川あきお氏（退職時知事本局長、現練馬区長）が、天下り先で交渉に関わっていたメモが発見されました。また自民党の内田都連会長が、前川氏を通じ、東京ガスが自主的に協議金を支払う形にするよう要請していたことについてのメモも、大量の東京ガスの資料から出てきています。

百条委員会に提出された資料が、都庁の部屋に段ボールで山積みになっています。これは、市場移転問題の真相解明に欠かせない情報の宝箱です。資料の中に分け入り、取り出してきた「ピース」は、まだほんの一部かも知れません。しかし私たちが裁判を通じて作り上げてきたパズルの空白部分にピタリとはまり、真相が生々しく姿を現しつつあります。

コラム1

豊洲移転は小池都知事だけでは決められない

百条委員会の証人喚問において、石原元東京都知事は「小池知事はすみやかに決断をして豊洲へ移転すべきだ」という発言をしました。石原元知事だけでなく、メディアにおいても「築地に残るか、豊洲に行くかは、小池都知事・東京都が決めることだ」という前提で議論がされているように思います。

しかし、「豊洲移転」は東京都や東京都知事だけで決定できる問題ではありません。

図1のとおり、「築地市場を豊洲へ移転する」ためには、農林水産大臣の認可を受けなければなりません（卸売市場法第11条1項、卸売市場法第9条2項1号等）。

2016年3月31日、東京都は東京都中央卸売市場条例の改正を行いました。しかし、現時点において東京都は未だ農林水産大臣への認可申請をしていません。

「豊洲は規定路線だ」「もう決まっているのだ」と石原元都知事は繰り返し発言していますが、そもそも豊洲移転の最終権者である農林水産大臣のもとには申請さえなされておらず、全く審査がされていない状況です。

図1

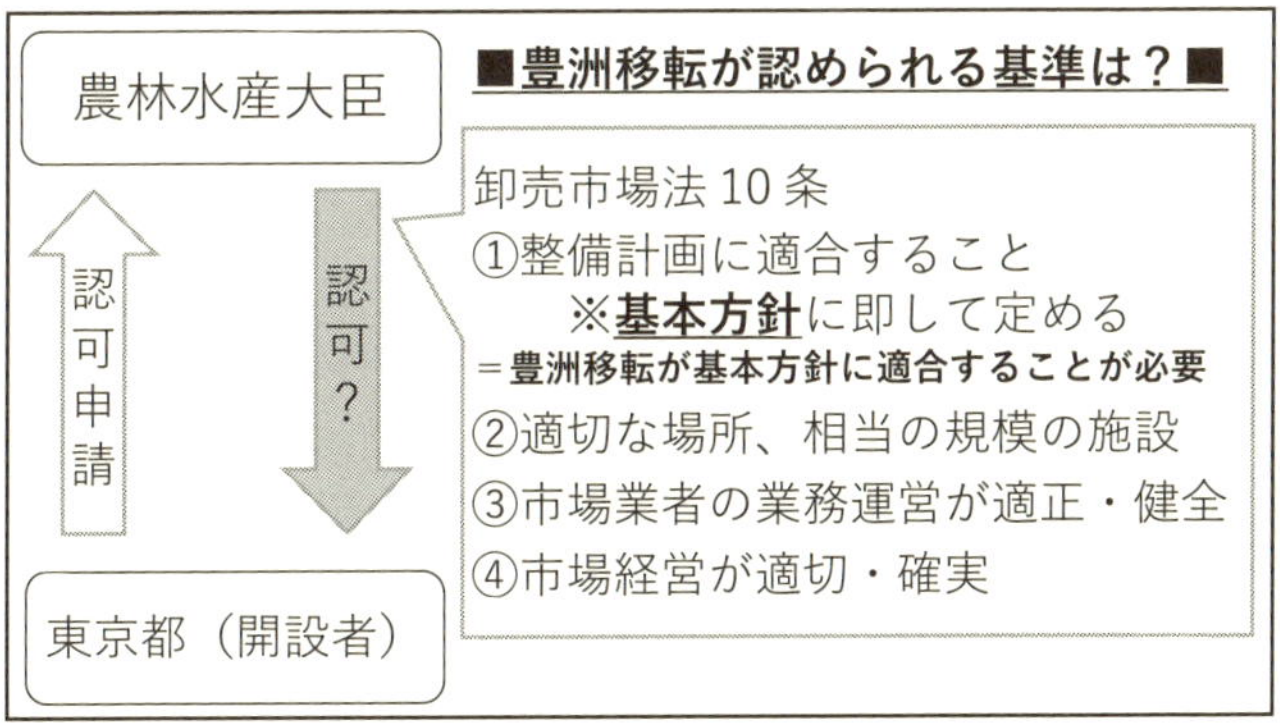
農林水産大臣
認可申請
認可？
東京都（開設者）
■豊洲移転が認められる基準は？■
卸売市場法10条
①整備計画に適合すること
※基本方針に即して定める
＝豊洲移転が基本方針に適合することが必要
②適切な場所、相当の規模の施設
③市場業者の業務運営が適正・健全
④市場経営が適切・確実

豊洲移転が認められる基準は？

農林水産大臣が市場の移転を認可するか否かの基準は、

図２

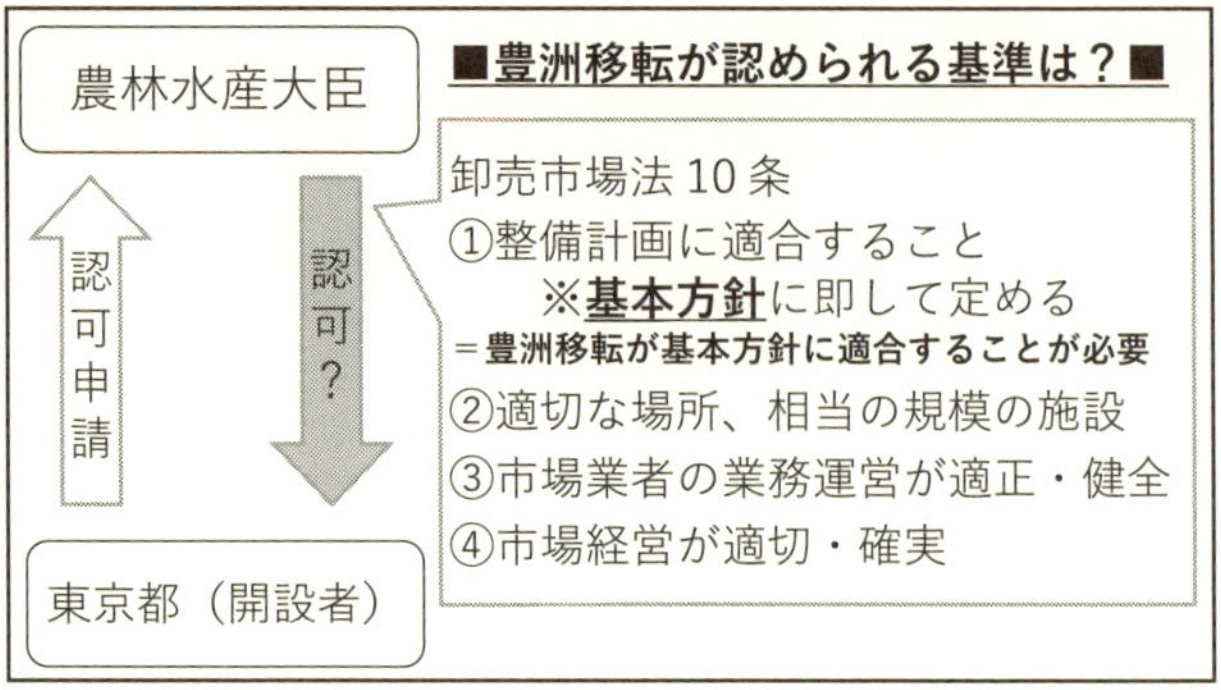
農林水産大臣
認可申請
認可？
東京都（開設者）
■豊洲移転が認められる基準は？■
卸売市場法 10 条
①整備計画に適合すること
※**基本方針**に即して定める
＝豊洲移転が基本方針に適合することが必要
②適切な場所、相当の規模の施設
③市場業者の業務運営が適正・健全
④市場経営が適切・確実

図３

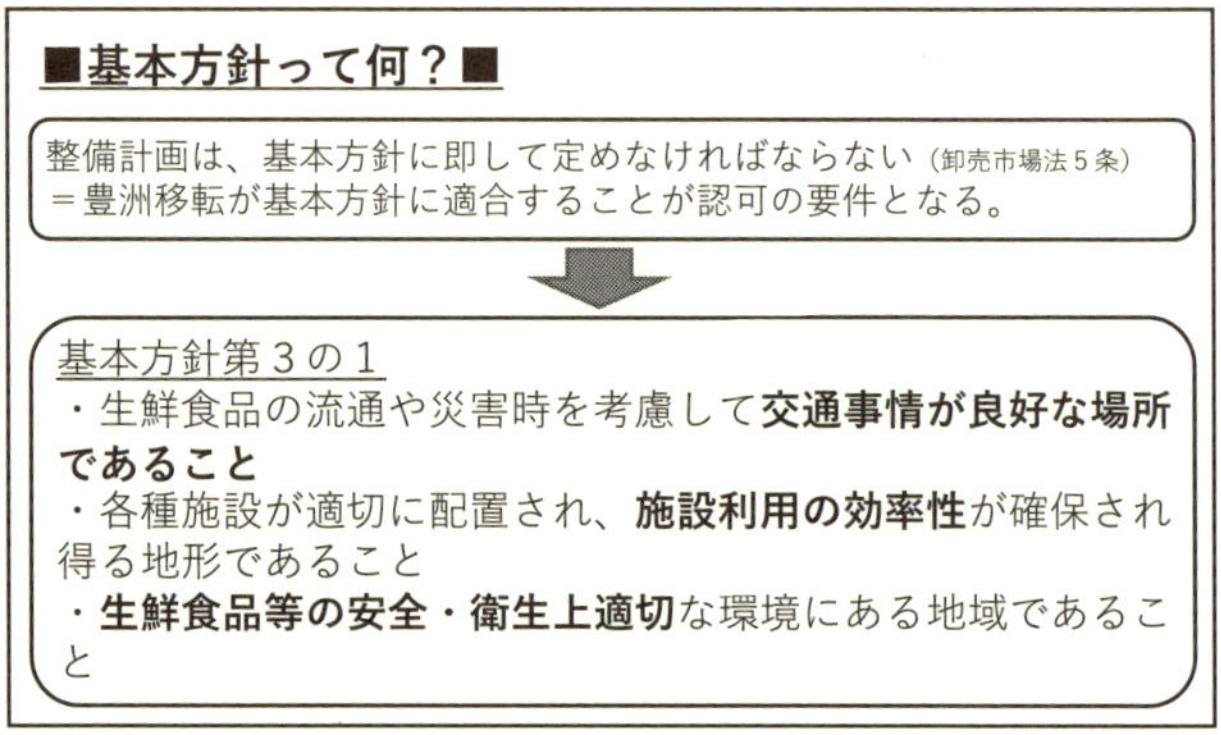
■基本方針って何？■
整備計画は、基本方針に即して定めなければならない（卸売市場法５条）
＝豊洲移転が基本方針に適合することが認可の要件となる。
基本方針第３の１
・生鮮食品の流通や災害時を考慮して**交通事情が良好な場所であること**
・各種施設が適切に配置され、**施設利用の効率性**が確保され得る地形であること
・生鮮食品等の安全・衛生上適切な環境にある地域であること

市場開設の際の判断基準である卸売市場法10条の規定が準用されています。**図２**に記載した４つの要件を満たす必要があります。

これらの要件は曖昧なものですが、具体的な基準のヒントになるのが「基本方針」です。この基本方針の一部を見てみましょう（**図３**）。

さて、豊洲市場はこれらの要件を満たすのでしょうか。

第2章　石原慎太郎元都知事の責任を問う

弁護士　大城　聡

1　はじめに

築地市場の豊洲移転問題を考えるために、3つの問いを立てたいと思います。

1番目は、そもそもなぜ汚染がある豊洲の東京ガス工場跡地に築地市場を移転しようと決めたのか、という問いです。東京ガス工場跡地が移転先でなければ、豊洲移転問題は生じなかったと言ってもよいでしょう。世界に誇るブランドを持つ築地市場を、どうしてガス工場跡地に移転しようと決めたのか。生鮮食品を扱う市場です。食の安全・安心について、どのように考えていたのか。これは、石原慎太郎氏が都知事に就任した1999年（平成11年）4月から東京都卸売市場整備計画（第7次）で築地市場の豊洲地区への移転を決めた2001年（平成13年）12月ころまでの話です。

2番目は、東京ガスが汚染対策した後、環境基準の4万3000倍のベンゼンなど高濃度の汚染が確認されていたにもかかわらず、なぜその汚染地への移転を強行したのか、という問いです。東京ガスが約100億円を投じて汚染対策を実施しても、高濃度の汚染が残っていたのです。なぜ、この時点で立ち止まって考えなかったのか。移転計画を見直すことは十分に可能だったはずです。もしも、この時点で移転計画を見直していれば、豊洲移転に約6000億円もの巨額な費用を投じる必要はなかったのです。これは、環境基準の4万3000倍のベンゼンなど高濃度の汚染が検出された2008年（平成20年）5月から、石原元都知事が知事記者会見で豊洲移転を進めることを決断したと表明した2010年（平成22年）10月ころまでの話です。

3番目は、高濃度の汚染が残っている土地を、どうして汚染のない土地としての高い価格で購入したのか、という問いです。東京都は、東京ガスなどから豊洲新市場用地の土地を購入してきました。これは、2006年（平成18年）から2011年（平成23年）3月ころまでの話です。豊洲新市場用地は、土壌汚染対策費用が約860億円にまで膨れ上がり、それでも環境基準の100倍のベンゼンなどが未だに検出される土地です。そんな高濃度の汚染地を、なぜ汚染のない土地としての価格で買ったのか。これは、住民訴訟で取り扱っている問題ですので、第4章でも詳しく触れます。

この3つの問いから、この章では、石原慎太郎元都知事の責任について明らかにします。石原元都知事が問われるべき責任は、①汚染問題を考慮せずに東京ガス工場跡地を市場移転先に選んだ責任、②専門家会議後、深刻な汚染の状況を知りながら移転を決断した責任、③汚染を考慮しない価格で高濃度の汚染が存在する土地を購入した責任の3つです。

百条委員会で明らかになった新事実も踏まえて、石原元都知事にいかなる責任があるのか、徹底的に追及していきたいと思います。

2　汚染問題を考慮せずに東京ガス工場跡地を市場移転先に選んだ責任

東京ガス工場跡地を市場移転先に選んだ石原都知事

石原元都知事は、移転先を豊洲の東京ガス工場跡地に選んだことについて、都議会の百条委員会で、「政治判断というより、すでに築地が限界にきていて、鈴木（俊一元都知事）さんの時代から市場を移転しようというのが懸案でした。確か（前任の）青島（幸男元）知事も受け継いで、青島知事から（自分への）引き継ぎ事項の中に文言として『豊洲地域に市場を移転する』とあって、懸案事項の一つだったと思っています」と述べ、自らの政治判断であるとの印象を薄めようとしました。

しかし、「青島元都知事からの引き継ぎだったというが、決裁をしたのは石原氏自身か」との問いに対しては、「まさしくそうです。紆余曲折《うよきょくせつ》があって、審議会で審議し、各部局が専門性をもって調査もし、最終的に時間をかけた後、誰だったかは覚えていないが、まとめて決裁を仰いできたのは知事本局長だったと思うが、私と濱渦のところに『決裁を願いたい』と来ました。『汚染の問題あるけど、確かに解決できるのだな』と聞いたら『可能であります』と応えました。それで私も『分かった、決裁しましょう』ということで決裁しました」と認めざるを得ませんでした。

石原慎太郎氏は、1999年（平成11年）4月23日に都知事就任。その後、同年9月1日、都知事として築地市場を視察し、「古い、狭い、そして危ない」と発言。

2001年（平成13年）7月6日、東京ガス副社長と濱渦副知事（当時）が「築地市場の豊洲移転に関する東京都と東京ガスとの基本合意」を締結しました。そして、01年12月21日、「東京都卸売市場整備計画（第7次）」が策定され、築地市場の豊洲地区への移転が正式に盛り込まれました。

このように時系列で確認すると、石原元都知事が東京ガス工場跡地への市場移転を決定したことは争いがない事実なのです。

軽視された土壌汚染問題

百条委員会の証言により、新しい市場の移転先の選定に際して、土壌汚染問題を石原元都知事と都幹部がどのように検討したかが明らかになりました。それは、市場関係者や都民が驚くほどに「軽い」ものでした。移転候補地が東京ガス工場跡地であるにもかかわらず、先に引用したように石原元都知事は「『汚染の問題あるけど、確かに解決できるのだな』と聞いたら『可能であります』と応えました。それで私も『分かった、決裁しましょう』ということで決裁しました」と百条委員会で証言しています。

石原元都知事は、環境大臣を務めた経験もあります。本当にこの問答だけでガス工場跡地の汚染問題が解決できると信じたのでしょうか。もし、この信じがたい問答だけで移転を決定したのであれば、軽率の誹りは免れません。都民から信託を受けた都知事として、果たすべき責任を果たしたと到底言うことができません。もし、この「軽い」問答で土壌汚染が解決できると判断したのであれば、現在の混迷している元凶がここにあると言わざるを得ません。土壌汚染の問題を「軽く」扱ったことが、意図的であったか否かまではわかりませんが、汚染問題と真剣に向き合わずに移転先を東京ガス工場跡地に決めた石原元都知事の責任は重大です。

「食の安全・安心」は移転先の条件になかった

百条委員会において大矢実元市場長は、「石原氏への説明は月に1回。最初は移転整備方向、次で候補地、最後の段階で豊洲しかないという話をして比較表を見せた。最終的に知事も『そうか豊洲しかないか』というふうに話した」と証言しており、土壌汚染が重い課題であった様子は全く感じられません。当時の東京都の幹部も市場移転先の汚染問題に真剣に向き合った形跡がありません。

東京都が作成した『築地市場の移転整備　疑問解消ＢＯＯＫ』の9頁には、「新しい市場の移転先の条件」として、次の3つが掲げられています。

1　約40ヘクタールのまとまった用地が確保できること
2　大消費地である都心部の周辺で、交通条件の良好な位置にあること
3　築地の商圏に近く、機能・経営面で継続性が保てる位置にあること

移転先の条件として、「食の安全・安心」も「土壌汚染」に関しても、全く言及がない点に注目してください。「最終の段階で豊洲しかないという話をして比較表を見せた」と大矢元市場長は証言しましたが、そもそも比較検討する際に、「食の安全・安心」「土壌汚染」の視点が抜け落ちているのです。なぜ、移転先の条件に汚染問題が全く考慮されていないのか。これも意図的か否かはわかりません。しかし、もし仮に、「土壌汚染等の問題がなく、食の安全・安心が確保できること」という条件があれば、豊洲の東京ガス工場跡地は市場移転先の候補地として真っ先に不適格になったはずです。

東京ガス側は「豊洲には土壌汚染があると強調した」と証言

一方、都議会の百条委員会で、上原英治・東京ガス元会長は、東京都からの売却申し入れがあった際、「都に対しては豊洲地区の根本部と先端部では、汚染状況が違いますと強調した」と述べています。

上原氏は、市場移転問題の前に、すでに豊洲地区の開発問題があり、これには都と協力して街作り協議を進めてきた経緯があるとして、「当然ながら、豊洲の土壌調査も（街作りの）前段階で必要だろうと、会社としては1年以上かけて調査をやった。その時期に福永正通（元副知事）氏から築地市場を移転したいと話がきた。土壌対策は必要だろうと思っていたが、市場となれば一般とは話が違う。都には『土壌汚染がありますす』と強調して説明した。使い道についても対策は変わってくると思っていた」と証言しました。

つまり、東京ガス側は、市場予定地としての土地売買にあたって「土壌汚染」を強く意識しており、その

ことを東京都にも伝えていたのです。しかし東京都側は、先ほど述べたように、新しい市場の移転先の条件として、土壌汚染に関わることに全く言及していないのです。

築地市場に一度しか足を運ばなかった石原元都知事

石原元都知事が、築地市場に都知事として足を運んだのは、1999年9月1日「防災の日」の早朝1回だけです。早朝の築地市場を視察することで市場の動きをみることはできますが、逆に市場関係者は仕事真っ最中の時間ですので、十分に意見交換できる時間はなかったはずです。石原元都知事はその視察で、「古い、狭い、そして危ない」と発言し、移転しかないと判断したようです。

一度だけの視察で、築地市場を移転するという大きな決断を下したのです。しかも、石原氏自身が築地市場の再整備は不可能かどうかをこの時点で検討した形跡は見当たりません。

汚染地を市場移転先に選んだ石原元都知事の責任

ここまで見てきたように、豊洲の東京ガス工場跡地を築地市場の移転先に選んだのは石原元都知事です。鈴木都政、青島都政からの懸案であったとしても、都知事として移転先を決定した責任は石原元都知事にあります。

石原元都知事が豊洲の東京ガス工場跡地に市場移転先を決めるに際して、もっとも重要な汚染問題は、極めて「軽く」扱われていました。移転先の条件に「食の安全・安心」「土壌汚染」をあげて比較検討することすらしていなかったです。東京都だけではなく、首都圏の食の安全・安心を預かる中央卸売市場の開設者のトップであれば、真っ先に検討すべき課題は食の安全・安心ではないでしょうか。石原元都知事はこの最重要課題を放置して、移転先を東京ガス工場跡地にしたのです。

汚染問題と真剣に向き合わずに、移転先を豊洲の東京ガス工場跡地に選んだことが、まず、最初に問われるべき石原元都知事の責任です。

3　深刻な汚染の状況を知りながら移転を強行した責任

築地市場に対する石原元都知事の偏見

「例えば震度5とか6なんか来たときに、どうなるかといったら、僕は築地は全部閉鎖になると思う」

これは、２０１０年1月22日の知事記者会見での石原元都知事の言葉です。しかし、２０１１年3月11日の東日本大震災によっても築地市場は壊れることもなく、もちろん「全部閉鎖」になることもありませんでした。

移転決断を表明した知事記者会見でも、築地市場の取引について、「今の築地でやっているみたいに、外気にさらされて、持ってきて、地面へ転がして、それ見て値段つけるみたいな、そういう原始的なことはやっていないんだ」と発言しています。築地市場の開設者は東京都ですから、もし本当に築地市場に問題があれば、是正する責任は都知事にあります。しかし、そのような是正措置はせずに、築地市場を貶める発言をしてきたのが石原元都知事です。石原元都知事は一度だけ築地市場を視察して「古い、狭い、そして危ない」と発言しましたが、冷静に現状を知ることなく、築地市場に「偏見」を持っていたのではないでしょうか。

ここでは、築地市場に「偏見」を持つ一方で、土壌汚染対策の「技術」に対して「過剰な期待」をする石原元都知事が、深刻な汚染状況を知りながら移転を強行した責任を問いたいと思います。

環境基準の4万3000倍のベンゼンなど高濃度汚染が検出

2008年5月、東京都の専門家会議は、調査の結果、豊洲新市場用地からベンゼンが環境基準の4万3000倍、シアン化合物が検出基準の860倍、ヒ素が環境基準の7倍、鉛が環境基準の9倍、水銀が環境基準の25倍などの有害物質が検出されたと公表しました。ベンゼンは発がん性物質、シアン化合物は検出されてはいけない猛毒です。青酸カリもシアン化合物の一種です。ヒ素は、和歌山毒カレー事件で検出された有害物質です。鉛は、汚染された食品を摂取しつづけると、体内に蓄積され健康へ影響があるとされています。水銀は、よく知られるように水俣病の原因となった有害物質です。このような有害物質が極めて高濃度で豊洲新市場用地に存在していることが明らかになったのです。

高濃度汚染検出は東京ガスの汚染対策後だった

より深刻な問題は、東京ガスが既に汚染対策を実施したにもかかわらず、高濃度の汚染が検出されたということです。東京ガスは東京都環境局に対して、「平成14年合意等」（巻末資料1、2）及び「平成17年確認書」（巻末資料3）に基づいた汚染対策の完了を届け出ます。東京ガスによれば汚染対策費用は約102億円でした。「平成17年確認書」によって、東京ガスの汚染対策では、環境基準の10倍を超える汚染を除去することになっていました。

ところが、東京ガスの汚染対策後である2009年5月、東京都の専門家会議の調査で豊洲市場用地に環境基準の4万3000倍のベンゼンなど高濃度の汚染が存在することが判明したのです。

東京ガスの汚染対策では、環境基準の10倍を超える汚染を除去することになっていましたが、実際には全く汚染除去ができていないことが明白になったのです。豊洲の東京ガス工場跡地は100億円以上かけても高濃度の有害物質が残るほど深刻な汚染地だったのです。

高濃度汚染が発覚した直後の石原元都知事の発言

本来であれば、この時点で立ち止まって、豊洲の東京ガス工場跡地は生鮮食品を取り扱う中央卸売市場には適さないと判断することができたはずです。東京ガスの汚染対策では効果がないことが判明したのですから、この時点で土地売買契約を行わず白紙撤回も可能だったはずです。

しかし、石原元都知事は、汚染は「技術」で解決できるという姿勢を、専門家会議の提言よりも前に明確に示しています。これは、石原元都知事自身が「技術」に対して「過剰な期待」を有していたことを端的に表していると言えます。少し長くなりますが、専門家会議の調査結果が判明した直後の2008年5月16日の都知事記者会見で、石原元都知事が述べた内容を引用しましょう。

豊洲新市場予定地における土壌・地下水調査の結果ですが、これはとってもショッキングなデータが報告されまして、今年の2月から豊洲新市場予定地で実施してきました4122カ所、これはちなみに10メートル平方のメッシュでやっている訳ですけども、その詳細調査において、既に一部報道されましたように、敷地の一部、これはあくまでも1カ所ですね、1ポイントでありますけれども、環境基準の4万3000倍という高濃度のベンゼンが土壌から検出されました。しかし、敷地全体が、こういう高濃度の物質で汚染されている訳ではありません。

この調査結果についてはですね、5月19日に開催する専門家会議で一括して公表いたします。専門家会議では、この調査結果をもとに、生鮮食品を扱う市場用地としての対策を検討してもらい、7月に提言を取りまとめる予定であります。

また、対策についてはですね、全く新しい発想や技術の可能性も広く考えていく必要があると思います。いわゆる土木工学の中でですね、既存の、何と言うんでしょうね、方法論だけではなくて、新しい技術の開発も兼ね合わせたですね、もっと費用のかからない、しかし、効果の高い、そういう技術があるかもしれないということで、そういうものも模索していきたいと思っています。

都は、食の安全を最優先にですね、都民や市場の関係者の皆さんに安心してもらえるよう、今後万全な対策を講じていくつもりでございます。

その後の質疑応答で、記者が、「豊洲移転計画そのものを見直すお考えは、現時点であるんでしょうか」と質問したところ、「まあ場合によったら、時間との戦いの中でいろんなことを考え直さなきゃいけないかもしれません。ただ、私たちはやっぱりいまだ新しい技術を使って、豊洲への移転が時間内に可能だと思ってますし、期待しておりますから、そのための努力を当面いたします」と答えています。ここでも石原元都知事が期待を寄せるのは「新しい技術」です。

同年5月30日の記者会見でも、築地市場再整備について質問が出ます。記者が「仲卸業者の方々の中には、豊洲のところ、汚染が出たところには移転はふさわしくない、中央卸売市場が行くのはふさわしくない、やっぱり地元、築地での再整備が必要だという声」があることに触れて質問したところ、石原元都知事は、「じゃ、今の築地で、そこで働く者として、築地を代表して、都民に対する衛生管理、危機管理の面ですべての責任を果たせるんですか。あそこにはですね、塗り込められているけど、アスベスト、いっぱいありますよ。そういったものをみんな知っててですね、それが例えば大地震が来て崩壊したときに、恐らくその回収ってすごい手間取るでしょうよ。築地は閉鎖されざるを得ませんな」として、持論の「大震災築地閉鎖論」を展開します。

一方で石原元都知事は、「だから、できるだけ早くですな、安く回収できるための、何ていうんでしょうね、技術がないかと探してたら、さっき申し上げたみたいに、全然違うジャンルの方々からいろんな発想が届けられる。これからもあると思います。今の首都大学東京の学長の西澤（潤一）先生、これはもう科学技術の泰斗（権威）ですから、あの人を通じてですね、我々の考えられない方法がないか、いろんな領域の技術者に意見を聞いてます」と述べています。

築地市場に「偏見」を持つ一方で、土壌汚染対策の「技術」に対して「過剰な期待」をする石原元都知事の姿が、記者会見での質疑応答から浮かび上がってきます。

石原元都知事の政治決断は正しかったのか

２０１０年10月22日、石原元都知事は記者会見で、豊洲移転を決断したと公表します。

冒頭、築地市場の豊洲移転について申し上げます。

築地市場についてでありますけども、議会の議論を踏まえて、豊洲移転を進めていくことを決断いたしました。

築地市場の再整備が持ち上がったのは、今から25年以上前の鈴木都政の時代で、いわば、これは「昭和からの宿題」であります。かつて築地現在地での再整備が試みられましたが、頓挫して終わったわけで、その後、豊洲移転に活路を見出して、都は業界と議論を重ねて、議会にも必要な予算も認めてもらってきました。この4月からは、議会自ら現在地再整備を再検討してきましたが、その中で、現在地再整備には、全てが順調に進んでも十数年かかるという致命的な欠点が明らかになりました。にもかかわらず、議会としての結論がだらだら先送りされて、今後の展望が依然として示されておりません。議会が決めかねるならば、知事が歯車を大きく回すしかないと。それがリーダーとしての責任であると思います。

この記者会見で本人が述べているように、都議会が特別委員会を設けて検討しており、その結論が出ていない中で都知事として豊洲移転を進めていくことを決断したのは、石原元都知事に他なりません。東京ガスの汚染対策にもかかわらず、高濃度の汚染が残るほど深刻な汚染地に移転するという判断が正しかったのか、まさに今問われているのは、この政治決断の是非なのです。

強調される「食の安全・安心」

実は、豊洲移転の政治決断にあたって石原元都知事は、「食の安全・安心」を強調しています。高濃度の汚染がある場所へ移転するために、安全・安心を強調せざるを得なかったのかも知れません。２０１０年10月に、石原元都知事が築地市場関係者に送った手紙には、「我が国最高権威の学者の方々の英知もお借りして、日本の優れた先端技術を活用した汚染除去手法を編みだし、現地での実験も済ませております。安全・安心の確保は十分可能であり、万全を期してまいりたいと思います。（中略）首都の行政を預かる知事として、現実に立脚し、複合的に発想して、今回の決断をいたしました」と書かれています。石原元都知事の「新しい技術」という言葉と「安全・安心の確保」が結びついています。

汚染を環境基準以下にするとの技術会議の提言

石原元都知事の言葉だけはなく、土壌汚染対策について提言した「豊洲新市場予定地の土壌汚染対策工事に関する技術会議」（以下、「技術会議」）でも、食の安全・安心が強調されます。

技術会議は２００９年2月、土壌と地下水の汚染について安全・安心を高いレベルで確保するとの報告書を公表しました。技術会議では、提言の特色として「土壌と地下水を環境基準以下に処理」、「市場施設の着工までに、建物下・建物下以外の地下水をあわせて環境基準以下に浄化する。これは、建物下・建物下以外を分けて段階的に浄化していくとした専門家会議の提言を超え、安全・安心をより一層確保するものである」と記載し、汚染を環境基準以下に処理することを約束したのです。

都議会でも「汚染土壌の無害化」を約束

また、2011年2月23日の都議会予算特別委員会では、岡田中央卸売市場長が、汚染土壌が無害化された安全な状態とは、①技術会議により有効性が確認された土壌汚染対策を確実に行うことで、②操業に由来いたします汚染物質がすべて除去、浄化され、土壌はもちろん、③地下水中の汚染も環境基準以下になることであるという旨の答弁を行っています。

ここで重要なことは、「安全・安心」の確保のために、土壌及び地下水の汚染を除去、すなわち環境基準以下にすることが約束されている点です。

先端技術による汚染対策をしても「無害化」は実現しなかった

このように石原都政は、高濃度の汚染が検出された豊洲新市場用地への移転を進めるために、技術会議では土壌と地下水を環境基準以下に処理するとし、都議会でも汚染土壌の無害化で安全を確保すると約束しました。そして、約860億円の対策費を投じて、汚染対策を実施しました。しかし、2017年3月の地下水モニタリング調査では環境基準の100倍のベンゼンが検出されるなど、東京都の汚染対策でも「汚染土壌が無害化」が達成できなかったことが明らかになりました。

土壌汚染対策法では、「汚染の除去」が完了するためには、「地下水汚染が生じていない状態が2年間継続することを確認すること」が必要とされています（同法施行規則第40条別表6）。その確認のために行われるのが、この地下水2年間モニタリング調査です。もし環境基準を超える汚染が確認された場合には、さらに2年間継続して汚染が確認されないと、「汚染の除去」が確認されたことにはなりません。2年間の地下水モニタリングで環境基準を超えた汚染が検出された意味は、技術会議の提言に従って多額の費用を投じて汚染対策を行ったにもかかわらず、土壌汚染対策法上の「汚染の除去」ができていない事実が明らかになったことにあります。石原元都知事が「新しい技術」に期待を寄せて、先端技術による汚染対策を行ったものの、汚染土壌の無害化はできず、「安全・安心」の確保はできていない状況です。

何が誤った決断の原因となったのか

東京ガスが汚染対策した後、環境基準の4万3000倍のベンゼンなど高濃度の汚染が確認されていたにもかかわらず、なぜその汚染地への移転を強行したのか。さらに、東京ガスが約100億円を投じて汚染対策を実施しても高濃度の汚染が残っていたのに、なぜ、この時点で立ち止まって考えなかったのか。その答えは、石原元都知事の「新しい技術」への過剰な期待と「大震災築地市場閉鎖論」に代表される築地市場への偏見にあると言えるのではないでしょうか。先端技術を用いて、「汚染土壌を無害化」することで「安全・安心」を確保すると約束して豊洲移転を進めてきたのは、石原元都知事です。「知事が歯車を大きく回す」として政治決断したのです。

しかし、その結果、汚染対策費用は約860億円まで膨れ上がり、それでも「汚染土壌を無害化」することはできませんでした。石原元都知事の政治決断は間違いだったのです。専門家会議で高濃度の汚染が発覚した後に、豊洲移転を決断した石原元都知事の責任は、厳しく問われなければなりません。

4　汚染を考慮しない価格で高濃度の汚染が存在する土地を購入した責任

汚染地を「汚染がない土地」としての価格で購入

２０１１年３月、石原元都知事は環境基準４万３０００倍のベンゼンなど深刻な汚染がある豊洲新市場用地の一部として、約５７８億円で東京ガス等から土地を購入しました。これによって、東京都は豊洲新市場用地の全てを確保しました。ところが、この土地価格の約５７８億円は、「汚染のない土地」としての価格でした。高濃度の汚染が残っている土地を、なぜ「汚染のない土地」としての高い価格で購入したのか。この土地売買契約は、石原元都知事が知事として押印した契約書で行われています。

通常の不動産取引では、汚染地の価格は、汚染対策費用分などを考慮して汚染がない場合よりも低い価額になります。これは、私たちの社会常識としても十分に理解できることです。同じ土地であれば、汚染がある場合と汚染がない場合であれば、土地価格は汚染がある場合のほうが低くなります。

不動産鑑定評価でも土壌汚染の有無及びその程度は、土地の価格を形成する個別的要因になるとしています。一般に適正な土地価格は、汚染考慮外の土地価格から汚染対策費を差し引いたものと言われています。さらに、それに加えて、心理的嫌悪感等（スティグマ）が土地価格を下げる場合があります。たとえ汚染が除去されて存在していなくとも、かつて汚染されていた土地ということで価格が下がることがあるのです。

このような私たちの社会常識、あるいは不動産取引の常識からみると、豊洲新市場用地は驚くほど高い価格で購入されているのです。東京都は、「汚染がある土地」を「汚染がない土地」として評価して、極めて高い購入価格を算出し、その価格で取得していたのです。

石原元都知事の法的責任を問う住民訴訟

私人間の不動産取引であれば、土地価格は当事者間の交渉で決まり、原則として第三者がその価格について異論を述べることはできません。しかし、地方自治体は、適正な価格で取引を行わなければなりません。なぜならば、地方自治体の財政は、税金をはじめとした公金で賄われているからです。地方自治法第2条14項は、「地方公共団体は、その事務を処理するに当つては、住民の福祉の増進に努めるとともに、最少の経費で最大の効果を挙げるようにしなければならない」と定めています。また、地方財政法第4条1項は、「地方公共団体の経費は、その目的を達するための必要且つ最少の限度をこえて、これを支出してはならない」と規定しています。公金の無駄遣いを明確に禁止しています。公金の無駄遣いは法律違反になり、損害賠償責任を負うこともあります。

この石原元都知事の法的責任を問うているのが、2012年に提起された住民訴訟です。この住民訴訟は地方自治法に基づくもので、築地市場の仲卸を含む住民約40名の原告が、都知事に対し、東京都が豊洲新市場予定地を購入した2011年当時の都知事であった石原慎太郎氏を相手として、土地取得額である約578億円の損害賠償を請求するように求めています。

汚染原因者である東京ガスの責任に言及していた石原元都知事

2010年1月22日の都知事記者会見で、記者から「土壌汚染のことなんですけど、築地市場なんですけれども、汚染処理の費用というものはどういうふうな形で、例えば東京ガスのほうには、どういうふうに負担をしてもらうというふうに考えていますでしょうか」という質問が出ました。

これに対して石原元都知事は、「これ、とってもいい質問で大事な問題で、人に物を売っといたんだけど、売る約束したんだけど、こっちもどうしても買わざるを得ない事情があって、買う約束したら、それがとんでもない製品だった、代物だったときは、これは売る側の責任だって当然あるでしょう。これ、普通の社会の商取引の中での常識だと思います」として、売る側の責任、つまり売主である東京ガスの責任について言及して、「普通の社会の商取引の中での常識」とまで言っています。

さらに石原元都知事は、「これは、今も話してるようですけど、これからも積極的にというか、考えていかざるを得ないと思います。私たち、知りませんでした、知らないで売りましたということで済むもんじゃないと思う、これは。企業、しかも立派な企業なんですから、企業というのは責任あるでしょう、それは。今まで自分たちがどういう経営、どういう作業したか知らないけど、その結果、とんでもない汚染が一部であるけど堆積してるということ、それを知らずに売った、知らずに買っちゃった」として、東京ガスの汚染原因者としての責任についても言及しています。

さらに、「こっちも腰抜かしたわけだから。その責任、とるべき人間がとらなかったら、世の中、物事通らないんじゃないですか。どういう形でそれをつけるかって、これからの話し合いだと思いますけど。向こうも腰抜かしたと思うよ。大分どんどん変わってるんだろうし。しかし、一番の被害者は、一番驚いたのは東京ですよ、それは」と述べています。

この時の石原元都知事の発言は、きわめて常識的です。汚染原因者である東京ガスが汚染対策について責任を持つべきだという姿勢が明確です。この姿勢を貫けば、高濃度の汚染地を「汚染のない土地」としての高い価格で買うという結論には至らなかったはずです。

それが一転したのはなぜか。いま、この問題を追及する住民訴訟は現在進行形です。第4章で詳しく解説しますので、ぜひお読みください。

コラム2

生鮮食品を扱う市場として安全とはいえない

魚・野菜などの生鮮食品を扱う市場として安全か否かは、「生鮮食品等の安全・衛生上適切な環境にある地域であること」（卸売市場法10条1号・基本方針）や卸売市場法10条2号という豊洲移転認可の要件の一つです。

豊洲新市場予定地は次のような前歴のある土地です。

・東京ガス工場跡地（1956年～1988年まで都市ガス製造・供給）

・土壌汚染対策法の汚染区域に指定（形質変更時要届出区域の指定が未解除）

・生鮮食品を取扱う卸売市場用地の場合には想定し得ない（農水省資料）

・最高でベンゼンが環境基準の79倍（2017年1月第9回地下水モニタリング調査）

・東日本大震災の際には液状化

このような土地に建つ豊洲新市場は、都民・国民の台所、生鮮食品を扱う市場として、安全な場所とは到底いえません。

豊洲新市場予定地の用地取得の経緯においては、「東京ガスは拡散防止対策しか行わなくてよい」とか「瑕疵担保責任は免除する」ことになっていたそうですが、経緯は不透明で何も明らかにされていません。さらに盛土が行われていなかったという問題があったことも皆さんの記憶に新しいでしょう。

実際に環境基準を超える汚染が現在も残っていることに加え、このように不透明な交渉のなかで汚染対策の内容が取り決められたことも考えると、到底「安全」であるとはいえず、豊洲移転認可の要件を満たすとはいえません。

第3章　なぜ住民訴訟をおこしたのか

水谷和子

1　発端は朝日新聞記事

２０１０年１月５日朝日新聞が、２００６年の豊洲新市場用地購入について「土壌精査怠り用地購入」「東ガス義務規定なし」とする記事を１面に大きく報じました。

衝撃だったのは、都が東京ガスに対して最初から汚染の残置を認める約束をしていたことです。朝日新聞の香川直樹記者がスクープしたのは05年（平成17年）に交わされた密約文書「平成17年確認書」でした。東京ガスの汚染対策工事は１００億円（都議会答弁）に過ぎず、そのほかの汚染処理はこの確認書で免除されました。技術会議が汚染対策費用を５８６億円と試算した後に、「平成17年確認書」の内容がこのスクープで明らかになったのですが、私企業に対する多大な利益供与であることはもとより、それまで都が行ってきた土壌汚染に関する「二枚舌」を裏付ける大変重要な文書でした。

私は以前朝日新聞で、03年土対法施行の折、滋賀銀行が土壌汚染が見つかった土地の担保評価をゼロにすると発表したことを知り、豊洲新市場用地の場合はどうなのかは大変気になっていました。スクープ記事が出た直後、都はこの記事内容を否定する見解書を出しました。その見解書はかえって都に対する不信感を強くする内容で、その必死に火消しに回る都の対応には驚きました。その時「ボールは都民に投げられてい

『朝日新聞』2010年1月5日

築地市場移転

汚染処理、都だけ負担も

東ガス義務規定なし

築地市場（東京都中央区）の移転予定地をめぐり、都の購入後に発覚した高濃度の土壌汚染。都は、豊洲地区（江東区）の予定地を所有していた東京ガスに対策費約586億円の一部負担を求める協議を申し入れている。だが、同社との合意文書には、新たな汚染に対する同社の費用負担などの義務を定めた条項がなく障害になる恐れがあるという。解決への道のりはまだ不透明だ。

＝1面参照

また、2004～06年に購入する前の03年、土壌汚染対策に関する都条例の指針が改正されたにもかかわらず、同社に旧指針のままの調査を認めて土地を買ったことにも疑問の声が上がっている。

都は02年7月に汚染処理をめぐる合意書や確認書を同社などと締結し、同社が都条例に基づく汚染の調査や除去作業を約束。05年にも同社の処理内容を追加する確認書を交わした。しかし、これらの文書には、処理完了後に新たな汚染が見つかった場合の処理や費用負担を同社に義務づける条項はなかった。07年以降の都の調査で汚染が発覚。都は09年、同社に経費の一部負担を求める協議を申し入れた。

「汚染土地売買の法務・税務」の共著がある太田秀夫弁護士は「慎重な買い主なら、あとで汚染が出た場合の売り主の義務規定を盛り込んでもよかった」と話す。そのうえで「合意書や確認書は新たな汚染の処理や費用負担の法的義務を東京ガスに負わせたものではなく、負担を求めるのは難しい」としている。

これに対し、都の担当者は「当時としては十分な調査・対策を行っていたうえ、問題があっても協議で解決できると考えた」と説明。今後の協議について「汚染原因者が負担することが原則。一部負担の合意が得られるように全力を挙げる」としている。

一方、都が土地を買う前の03年に改正された都条例の指針では、有害物質の汚染ガスが検出された地点では、原則としてボーリングによる詳細調査が義務づけられた。だが、東京ガスの調査は、高濃度ガスが検出された地点だけ詳細調査をすればよかった01年の指針に従ったもので、都もそれを認めていた。

都はこの点について「01年の指針による汚染の調査や処理の手法は03年の指針に劣らないため、新指針で評価する必要はなく汚染の見落としにも当たらない」としている。

だが、太田弁護士は「そもそも汚染地の調査密度で01年の指針は03年と同等レベルに達していない。03年指針に照らすと、汚染ガスの検出地点の大半で詳細調査していないので、土地が広範囲で汚染されている可能性が極めて高かった。都は購入前に新指針による再調査で汚染を確認するべきだった」と批判する。

また、NPO法人日本地質汚染審査機構理事長の楡井久・茨城大名誉教授も「表層にベンゼンの汚染ガスがあれば土壌汚染も近くにある。都はそれをきちんと調べずに購入しており、人の命や健康をあまりにも軽んじている」と指摘した。

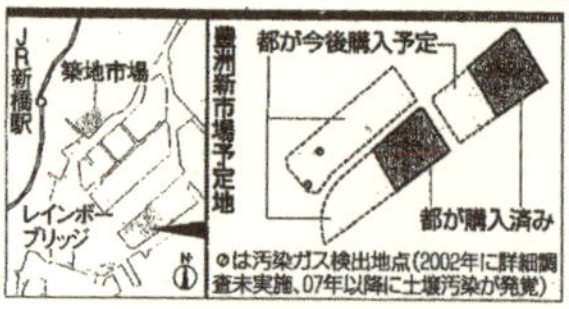

豊洲地区の新市場予定地（手前）＝2008年5月、東京都江東区

キーワード 築地市場移転問題 築地市場は老朽化が進み、敷地も手狭になったことから、東京都は2001年に江東区豊洲地区の東京ガスのガス工場跡地に移転を決めた。56～88年にかけ操業。76年までは石炭から都市ガスを製造し、その過程で土壌が汚染された可能性がある。同社は98年に土壌汚染調査を開始。07年までに調査や除去を完了した。しかし、都が07年以降に実施した独自調査で新たな汚染が発覚。都は汚染対策を実施して14年12月に新市場を開場する方針だ。

土壌精査怠り用地購入

築地市場移転 都、汚染の報告放置

築地市場（東京都中央区）が移転を予定している豊洲地区（江東区）の土壌汚染問題で、東京都が2002年に有害物質の汚染ガスが検出された調査報告を受けていたのに、詳しい調査を実施しないまま、04～06年に予定地の一部を購入していたことがわかった。このガス検出地点の一部は、07年以降に都の調査で見つかった土壌汚染個所とほぼ重なっていた。

＝35面に関係記事

この土壌汚染は、移転の最大の障害となっている。都は時価の約720億円で予定地の一部の13㌶余を買ったうえ、汚染対策費約586億円の支出を迫られることになった。購入前の汚染に対するチェックの甘さが、この事態を招いた疑いが強まった。

問題の土地は東京ガスの工場跡地で、市場の移転予定地は約37㌶。都はまだ取得していない23㌶余の購入費約1260億円を新年度予算で要求している。

都は02年7月、予定地の所有者だった東京ガスが都条例に基づき汚染の調査や除去作業を行うことで、同社と合意。同社は順次、その報告書を都に提出した。都は同社を指導監督するとともに、都の購入地として土壌汚染などの問題がないかチェックする立場で、07年までに汚染対策が適切に行われたとしていた。

朝日新聞が入手した報告書によると、東京ガスが02年10月に報告した表層土壌ガス調査では、有害物質ベンゼンのガスが88地点で検出されていた。だが、このうちボーリングによる詳細調査の実施は、高濃度ガスなどが検出された9地点にとどまり、残りの79地点は未実施だった。

これに対し、都が予定地の一部を購入した後、07～09年に予定地全体の土壌や地下水の調査を実施。環境基準を超えた地点は1475地点に上り、そのうちベンゼンが最大で環境基準の4万3千倍、シアンが930倍となった。

朝日新聞が、東京ガスの02年の調査と、都の調査を照合したところ、02年に詳細調査されなかった79地点のうち6地点が、都の調査で土壌からベンゼンが検出された地点とほぼ一致。濃度は最大で環境基準の1500倍に達した。

都は「東京ガスと協議しながら当時考えられる十分な対策を講じており、新たな汚染は予見不可能。汚染を知りながら買ったという認識はない」としている。（香川直樹）

る」、この記事を活かさなければならないと強く思いました。

「ネズミが象に挑む」とも例えられる、住民監査請求そして住民訴訟への取り組みは、このようにして始まりました。住民監査請求は初めてでしたが、躊躇する時間的余裕はありませんでした。短期間で訴訟に耐えうる資料の精査が必要だったからです。「平成17年確認書」を含む、豊洲新市場用地の売買に係る東京都と東京ガスの合意文書や豊洲土地区画整理事業など、大量の資料を開示請求し検証しました。問題点を十分整理したうえで、満を持して住民監査請求を行ったのですが、門前払いの形であえなく却下。そこで10年5月24日、石原慎太郎都知事や「平成17年確認書」に署名した前川あきお知事本局長、森澤正範中央卸売市場長、梶山修都市整備局長、平井健一環境局長、成田浩港湾局長に対し公金返還を求める賠償請求を東京地裁に提訴しました。これが第1回目の住民訴訟です。

結果は東京高裁及び最高裁で却下、敗訴が決定し、東京高裁の判決が確定しました（14年4月23日判決言渡）。判決理由は監査請求の期間を過ぎていたとするものです。判決文の知りえたとされる期日には無理があり、到底納得できるものではありませんでした。しかし判決文の中に、「答弁内容の適否については、それ自体石原らや東京都の政治的責任等が問われる問題ではあるが」として、都議会で繰り返された虚偽答弁に言及する部分がありました。裁判官にとっても、都の二枚舌は目に余るものがあったのだと思います。

2　第二次住民監査請求と本件訴訟

２０１１年購入分の住民監査請求は10年12月、１３００名を超す用地取得差止め請求からスタートしました。この移転計画を止めたいという一心で始まった運動です。一旦訴訟提訴を行いましたが、予算が執行になったため、後日取り下げています。11年3月と翌年3月の用地取得に関する2つの住民間監査請求がことごとく門前払いの形で却下となったので、本件の住民監査請求（12年3月）を行いました。この監査請求は初めて監査の対象となりましたが、監査の結果、請求は棄却となり本件訴訟の提訴に至りました。
長い道のりでしたが、たくさんの人の思いを訴訟という形に作り上げた大事な過程だったと思います。

3　コアサンプル廃棄差止め訴訟について

汚染地購入の住民訴訟の前にコアサンプル廃棄差止め訴訟がありました。現在の弁護団と初めて出会った記念碑的な裁判です。

地質と汚染の状態は密接に関係しているのに、都は地質の実態を隠そうとしていることが分かり、唯一の証拠物であるコアサンプルを捨てるなという裁判を、09年8月に提訴しました。当時、粘土質層が汚染の受け皿になっているという考えに疑問が持たれていたのです。この調査が十分ではないと考えた仲卸さんを中心とする２１０名が集まり、大原告団が結成されました。また、梓澤弁護士を団長とする6名の弁護団も結成され裁判がスタートしました。現在は12名の大弁護団になり、住民訴訟を支えていただいています。

そもそも、専門家会議の検証用に保管されていたコアサンプルですが、結局専門家会議は一度も検証することなく、裁判は13年12月に最高裁で敗訴が決定し、コアサンプルは廃棄されました。

敗訴とはいえ、おかげで原告は裁判を通じていろいろ鍛えられました。日本環境学会の畑明郎先生や、坂巻幸雄先生の専門的な知識も頂きながら開示データを検証する作業は、その後の運動の礎になったと思います。裁判に勝つための準備が結局学びの場となったのですから、これは私たちの学校のようなものです。梓澤弁護団長は裁判を開始する時、「裁判が運動の最後の砦になる」と話しています。確かにその後、運動の低迷する長い苦しい時期もありましたが、運動を続けられたのは、裁判という拠り所があったおかげです。

私がコアサンプル裁判に関わった経緯を少し解説させていただきます。移転話はまだ私にとって少し遠い話だった08年の初め頃、友人の誘いで築地の見学会に参加しました。「築地で美味しいお昼付き」の案内に乗ってしまったのが、この問題に関わったきっかけです。

案内してくれたのはマグロの仲卸の野末誠さんで、立体駐車場の屋上から築地再整備の夢を熱心に解説してくれました。屋上から俯瞰した築地市場はカタツムリの背中を半分にしたような曲線で、その先には緑の浜離宮が、さらにぐるりとキラキラした水面が取り囲んでいました。風に磯の香も混じり「こんな都心なのに」不思議な水辺の風景でした。

野末さんの誘いもあり、東京都の開いた専門家会議を傍聴するようになったのは、ちょうどベンゼン4万3000倍、シアン化合物860倍等の土壌汚染が発表された頃です。この数字は衝撃的で、これほどの汚染地になぜ市場を移転するのかという、ごくシンプルな疑問はそこからずっと続きました。

4　専門家会議の資料——都の行った第一の偽装

私は以前、多摩川の河口付近の軟弱な沖積層の上の住宅を設計し、地盤改良工事にも関わったことがありました。沖積層は縄文海進でできた新しい地層で、大変柔らかいためにトラブルの多い地盤です。専門家会議の資料でも、地盤の状態が真っ先に気になりました。ここも軟弱な分厚い沖積層（深いところで約25ｍ）で、その上は5～10ｍ弱の埋め立て土で出来ています。埋め立ては河口付近の浚渫された泥と砂で出来ており、これも柔軟な地層です。掘ったばかりの埋め立て土を後日の現地見学会で見たのですが、少し固めのお汁粉みたいにどろどろしていました。

地質の詳細が知りたくなり資料を開示請求したのは、既に専門家会議が終了した後でした。その中に問題の、都の偽装報告を裏付ける粘性土層の「透水係数」資料が入っていました。粘土質層が汚染の受け皿になりえるかどうか、汚染の深度方向の調査範囲を決める根拠の重要な指標の「透水係数」（水の透し易さ。単位：㎝／秒）でしたが、都はこの数字の一部を一桁安全側に書き換えていたのです。

「都が嘘をついたこと」の重大さに衝撃を覚え、本格的にデータを読み込むようになったのはここが出発点です。都がそこまでする必要があったのは、対策工事の範囲を広げない為だったことは明らかでした。専門家会議で大量の汚染の残置が発覚すると、それまでの「東京ガスの工事で全部汚染は除去された」という説明は一体何だったのかということになるからです。偽装はこればかりではありませんでした。

5　都の行った第二の土壌汚染偽装

市場用地は11年11月、土対法上の汚染のおそれのある区域「形質変更時要届出区域」の指定を受けました。申請したのが石原都知事で、受理したのも石原都知事です。これには、大臣認可を受けた指定調査機関の作成した汚染の実態の調査記録「状況調査報告書」が添付されています。この報告書では、本来必要なベンゼンの底面調査の約５割３０５区画の調査を行っていないことが分かりました。しかも、都が指定調査機関に発注する際の仕様書に、その部分の調査を行わず、汚染区域の対象にならないように書かれていたのです。

土壌汚染の調査方法は環境省令によって定められていて、指定調査機関はその方法に基づいて調査をするよう土対法に定められています。その汚染調査の記録が添付された届出書類を審査するのは都です。

事業者と審査者は同じ都ですから、調査会社さえコントロールすれば汚染隠しは容易にできる構造になっています。私たちが「官製土壌《ソイル》ロンダリング」と呼んでいるのは、法令のフィルターを通すと、汚染が無いことになってしまうことを指していますが、正に土壌ロンダリングの一部がここで顔を出しました。

このベンゼンの帯水層底部未調査問題は、コアサンプル裁判の陳述書を作成していた時にその可能性に気付き、都が公表する汚染対策の実施報告を注視していました。10年4月に土対法が改正施行され、それに伴い義務付けられた試料採取でしたから、省令（細則）通り実施されるのか要チェックと思ったのです。結果333区画に必要資料採取を怠っていることがわかり、15年8月に記者会見で公表しました。

当初都は指定調査機関が調べたので問題ないと主張していましたが、後日前記の仕様書を指摘すると、今度はこれを都の「自治事務」であると主張を変えました。つまり、都民がベンゼンガスを吸うかどうかは都の裁量だと言っているのです。「都の環境行政は大丈夫なのか」、この疑問は深くなるばかりでした。

6　衝撃の「ゆり子グラフ」

「いずれ都は地下水2年間モニタリングを偽装しなければならなくなる」——前述のように都の汚染調査偽装を検証した経緯があるので、その予測は揺るぎませんでしたが、解明するための手立てを持ち合わせてはいませんでした。一つ予測できなかったことがあります。移転延期を掲げた16年8月の小池百合子都知事の誕生と、11月開場を目前に控えての移転延期宣言です。そこで豊洲移転の流れは大きく変わりました。

築地市場の隅に小さいお社の水神様があるのですが、移転に向けて「魂抜き」の儀式が予定されていたのは、小池都知事の延期宣言のわずか2、3日後のことです。本当にきわどく難を逃れた形となりましたが、信心深い築地の人たちは「水神様が築地を守ってくれた」と今でも言うのです。

小池都知事誕生で劇的に変化したのは、地下水モニタリングの検査数値です。この検査は土壌汚染処理が成功したかどうかを確認するためのものです。土壌に汚染が残れば地下水に汚染が浸みだしますが、それを2年間観察するのが2年間モニタリングです。専門家会議により公表されたデータですが、1回目～8回

地下水のモニタリング結果（ベンゼン、６街区）

※地下水環境基準の 1/2 濃度を超過したことのある観測井について
※第９回目は暫定値。後の調査で確定済を確認

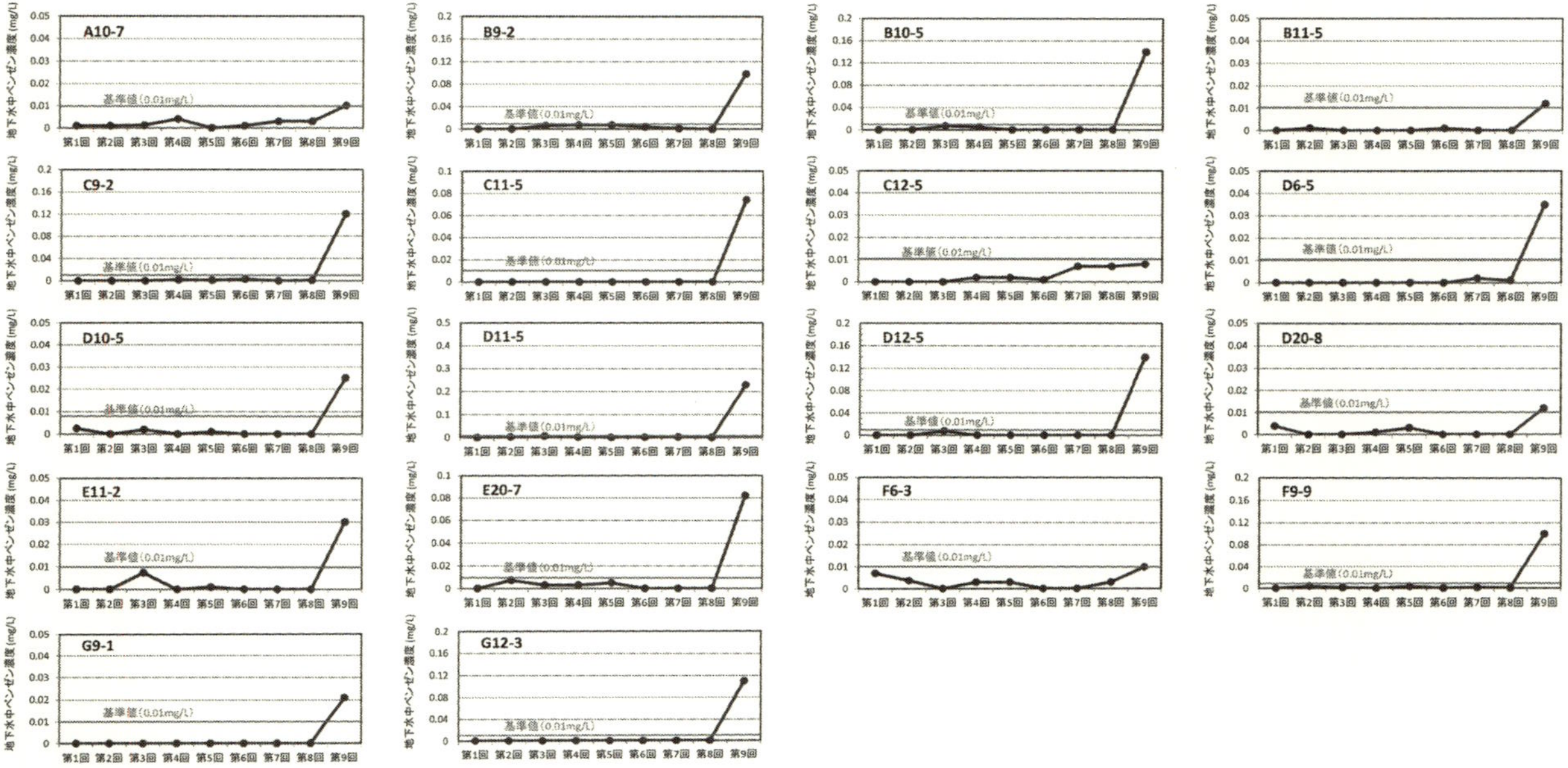

出典：第４回専門家会議資料（2017 年１月）

目は基準以下（8回目に例外が3か所）、9回目のみ最大79倍（ベンゼンの場合）に跳ね上がるのですから、これには多くの人が驚きました（ベンゼンはその後追加調査で100倍まで跳ね上がりました）。

これを「ゆり子グラフ」と命名したのは、茨城大の楡井久名誉教授（地質学）です。「9回目に相当数の地下水汚染観測井戸で、地下水中のベンゼン濃度測定数値が急に高くなるといった現象は、数十年間の経験をもつ筆者も、見たことのない稀有な事件である」（『産業と環境』2017年1月号）と論述しています。

後日の専門家会議で、都が事前チェックを実施、基準を超過した試料の再採水を調査者に命じていたことが報告されました。再採水を命じられた調査者から報告されたデータからは、ほとんど基準を超える汚染は出ていません。調査者の違う9回目の調査で201か所中72か所、約35％に及ぶ井戸から基準を上回る汚染が検出されたことから考えれば、採水に異常なコントロールがされていたことが分かります。

10年11月に環境省が出した「土壌汚染状況調査等の公正な実施に支障を及ぼすおそれのない体制の整備について」、通称「二度掘り禁止の通知」の強い警告は、複数の調査から都合の良いデータだけを採用するなというものです。当時から数値の偽装が横行していた証拠ですが、これが土対法を土台から崩してしまうことになると、環境省は当時から大変な危機感を持っていたのです。

7　味噌汁はもっと濃い濃度の味噌からつくられる

「ゆり子グラフ」は豊洲移転を推し進める集団にも衝撃だったらしく、しきりに「地下水は飲まないから大丈夫」と弁明しています。しかし前述の楡井久先生は「味噌汁はもっと濃い濃度の味噌からつくられる」とし、高濃度に地下水が汚染されるのは高濃度の汚染源が残置されているからだと解説しています。専門家会議が今程度の汚染なら「地上は大丈夫」と言ったとしても、実はあとどのくらいの汚染が残っているかにつ

6、7街区メイン棟概念図「謎の地下空間」（作成：水谷和子）

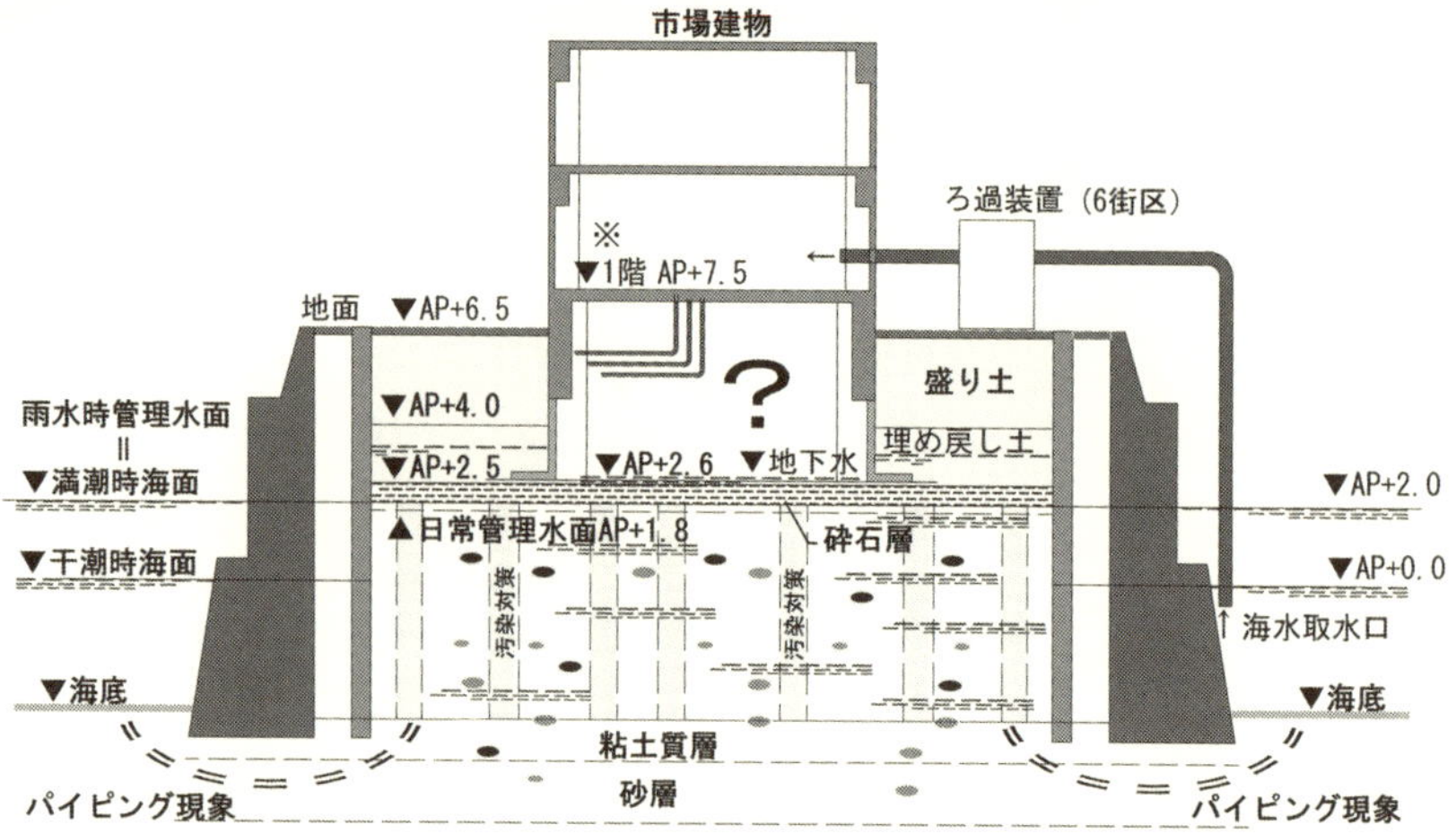

いてはまだ誰にも分りません。今まででも、地下水はベンゼンで最大1万倍、シアン化合物は（定量下限値の）130倍が検出していますから、そのレベルの地下水が出てもおかしくはありません。また、ベンゼン、シアン共、比重1・1〜1・2のタール溜りに存在しているので、地下水を含んだ地層（帯水層）の底部（粘土層の上）に溜まりやすいことが知られています。前述の通り、底部の汚染の偽装がある以上、底部汚染は地下水に溶け出し、地下水と共に地表近くに移動する危険があります。

地下水で汚染が検出した場合に通常行われる追加調査については、豊洲新市場の場合は不可能です。敷地の半分は既に建物が覆っているからです。地下空間は天井高4・5m、梁下2mで、これではボーリングの機械も搬入できず、また、対策用の矢板も打てませんが、それは最初から分かっていたことです。08年12月の技術会議議事録では2年間モニタリングで地下水が基準を超えた場合「地下水浄化」で対策をする、そのための地下空間であると説明しています。汚染水を揚水した後に「水道水で復水」が地下水浄化の実態ですから、最初から地下水モニタリングの偽装は織り込み済みだったことになります。

8　市場として問題だと思われるこれだけの理由

地下水は飲む人がいないのは当たり前ですが、ベンゼン、シアン化合物、水銀、これ以外にも石油由来のベンゾaピレンも揮発性の毒物ですから、これらは常に地上空間へ立ち昇って来る危険はある訳です。

この砕石層は汚染対策完了届けでは「盛土」として扱われています。本来盛土は汚染経路を遮断する目的で措置されるものですが、現に汚染された土の粒子が地下水と共に自由に地下空間に入り込んでいるのは隠しようのない事実です。都環境局はこれを「盛土」とみなしています。1階床の亀裂などから、汚染ガスの侵入する危険は常にあると考えるべきです。特に地下空間の砕石層下は汚染対策の無い区画にも接しており、汚染が露出している状態で大変危険です。それらの汚染については発がん性や妊婦の胎児への影響などが指摘されており、長期に働く人たちの健康被害を考えなくてはなりません。さらに生鮮食品を扱う市場としては最悪の環境です。このように汚染経路の遮断は技術的にも大変難しい問題があります。地下のピット床を完全に覆ってしまえば、建物外の地下水位のコントロールが一層困難になるからです。今ならピット内への地下水の流入で調整されている状態です。それでも地下水位はずっと目標水位より最大1～2mは高い状態です。「汚染地下水が海に流れ出ることは無いか」について、前述の畑明郎先生は、地下水の上端面は海水面より高いので、パイピング現象（水位差のある地盤中にパイプ状の水みちができ、砂混じりの水が噴出する現象）で海に流れ出す危険があると指摘しています。シアン化合物とベンゼン汚染が特に酷い6街区、晴海側の岸壁付近から海水を取水してろ過し、水産卸と仲卸が生け簀などに利用します。ろ過機は化学物質を通してしまいますが、毎日使用する2000ｔの海水の汚染濃度をリアルタイムでチェックすることは不可能です。

17年1月政府公表では江東区などの港湾地区で、30年内に震度6弱以上の地震が発生する確率は80％を超えています。一方、豊洲新市場の液状化対策のための設計地震動は建物以外の敷地で144ガル震度5程度です。この設計は重要施設扱いでないレベル1設定ですが、市場の場合構内道路が破壊されればたちまち物流がストップする問題があります。また、地下の汚染物質が噴出すれば、復旧にも時間がかかります。

開示された設計の打ち合わせ記録によれば、都は「建物を防災拠点扱いにしない方針である」と指示し、耐震上の規制緩和を行っています。結果設計された建物が揺れやすい構造になり、地震時の機能に問題があると指摘されています。そもそも中央卸売市場は、震災時の食糧の供給基地としての機能が要求されています。見えないところで切り捨てられてきた「安全」をもう一度見直す必要があると思います。

9 地下水モニタリング偽装と土対法の調査方法はセット

17年4月25日参議院環境委員会の参考人として、改正土対法について意見を述べる機会がありました。私は、土対法が実際運用された都で何が起こったかを中心に報告しました。豊洲新市場の場合、無理な用地交渉の結果汚染を隠すことになり、それに環境確保条例や土対法が巧妙に使われたという一連の問題です。

豊洲新市場の汚染調査からもう一点報告したのは、省令で定める、試料採取方法についてです。汚染は地質の状態に応じて移動することはよく知られていることですが、地質の実態を把握せず一律に10mメッシュに1か所の調査方法では汚染の見逃しが多すぎる点を指摘しました。見逃しがある点については、専門家会議も認めるところです。結果は「ゆり子グラフ」の9回目がこの調査方法の実態をよく表しています。

環境省の資料に、土対法が施行された03年から16年までの指定解除区域の指定区域に対する割合が4割と出ています。指定解除とは、2年間モニタリングをクリアし、汚染の除去が完了したことを意味します。ヒットしない調査方法の割には、不自然にモニタリングをクリアしています。多額の費用を投じて汚染対策工事を行っても、結果が出なければ施工業者が責められるのですから、事業者や施工業者から調査会社へ、地下水モニタリングで基準をクリアするまで採水を繰り返すような圧力がかかっても不思議ではありません。実際、調査会社で働いていた方たちから同様の報告が数多くありました。「こころが折れる」仕事です。

結局は不適格な調査方法が、地下水モニタリングの偽装を生み出しているといえます。汚染の除去ができていなくても、できたかの様に見せる土壌汚染ビジネス「土壌《ソイル》ロンダリング」が横行する背景になっています。本来、土壌汚染対策は土地の評価を高めるものであったはずです。それは適格な調査と的確な対策により、信頼されてこそ成立するものです。

10　おわりに

豊洲新市場の場合、都が関与しているので「官製土壌《ソイル》ロンダリング」ですが、約860億円もの市場会計を使いながら、結局、汚染対策工事は大失敗でした。コンクリートなどで地表を覆えばよいとする後付けの議論もありますが、仲卸さんたちは「それで良いのなら最初から860億円もの費用を掛ける必要もなかった」と怒っています。仲卸さんたちの商売は消費者との信頼関係で成り立っていますので、消費者の理解が得られない豊洲新市場では、商売が続けられるわけがありません。

市場会計の流用から始まったこの市場移転計画は、不正な用地交渉を経て、土壌汚染を隠し続けました。嘘をつき続けなければ即中断してしまう危うさのまま、この事業は20年以上続いてきたことになります。2年間モニタリング9回目、最後の大どんでん返しを機に、不正のほんの一部ですが、白日の下に晒すことが出来たのにはひとまずほっとしています。もちろん解明しなければならない事はまだまだ山のように残っています。ここにたどり着くまで、公共事業の名で行われた負の部分をたくさん見てきましたが、都で起こったことはどこでも起こりうることです。これを身近な公共事業を見直すチャンスと考えていただければ大変嬉しいです。

コラム3

豊洲新市場の施設は使いにくい

豊洲新市場は、最大の中央卸売市場として、東京都の生鮮食品等の流通の中核を担う市場です。

基本方針第3の4では、

(1)卸売業者、仲卸業者等の市場関係業者間の調整、業者の経営への影響等を考慮しつつ、卸売市場の経営戦略に即した計画的な整備・配置を推進する

(10)場内搬送経路の最適化を十分考慮する

と規定されていますが、豊洲新市場の施設は、これらの事項を満たしているのでしょうか。

小池都知事就任後、市場移転及び市場の在り方に関して専門的見地からの知見の集約を行うため市場問題プロジェクトチーム（以下PT）が設置されました。2016年11月29日に行われた第3回PT会議において豊洲新市場の施設の安全性・機能について議論されています。

豊洲新市場は道路で分断、上下の荷運びが必要

水産物の物流は、原則的には7街区の水産卸売場棟から6街区の水産仲卸売場棟へ流れていきます。この流れは基本的には築地市場と同じですが、築地市場と決定的に異なる点が、大きく2点あります。

一つは、築地市場では水産卸売場と水産仲卸売場は、物流の流れ通りに扇型に設計されており、徒歩でも短時間で行き来できましたが、豊洲新市場では環状2号線により分断されており、地下の通路を利用しなければ行き来することができません（図1、図2）。

もう一つは、豊洲新市場においては、上下の荷の流れが発生するということです。7街区の水産卸売場棟、6街区の水産仲卸売場棟のそれぞれにエレベーターとターレ用スロープが用意されています。しかし、「築地市場概要（平成28年度版）」によれば、ターレ2178台、フォークリフト501台の合計2679台（青果の台数を含む）が築地場内を走行しています。これだけの台数が、市場が最も活気づく早朝の時間帯に同時に稼働したときに、エレベーターやスロープが混雑して場内物流が滞留してしまうのではないかという問題があります。

図１　築地（東京都中央卸売市場 HP より）

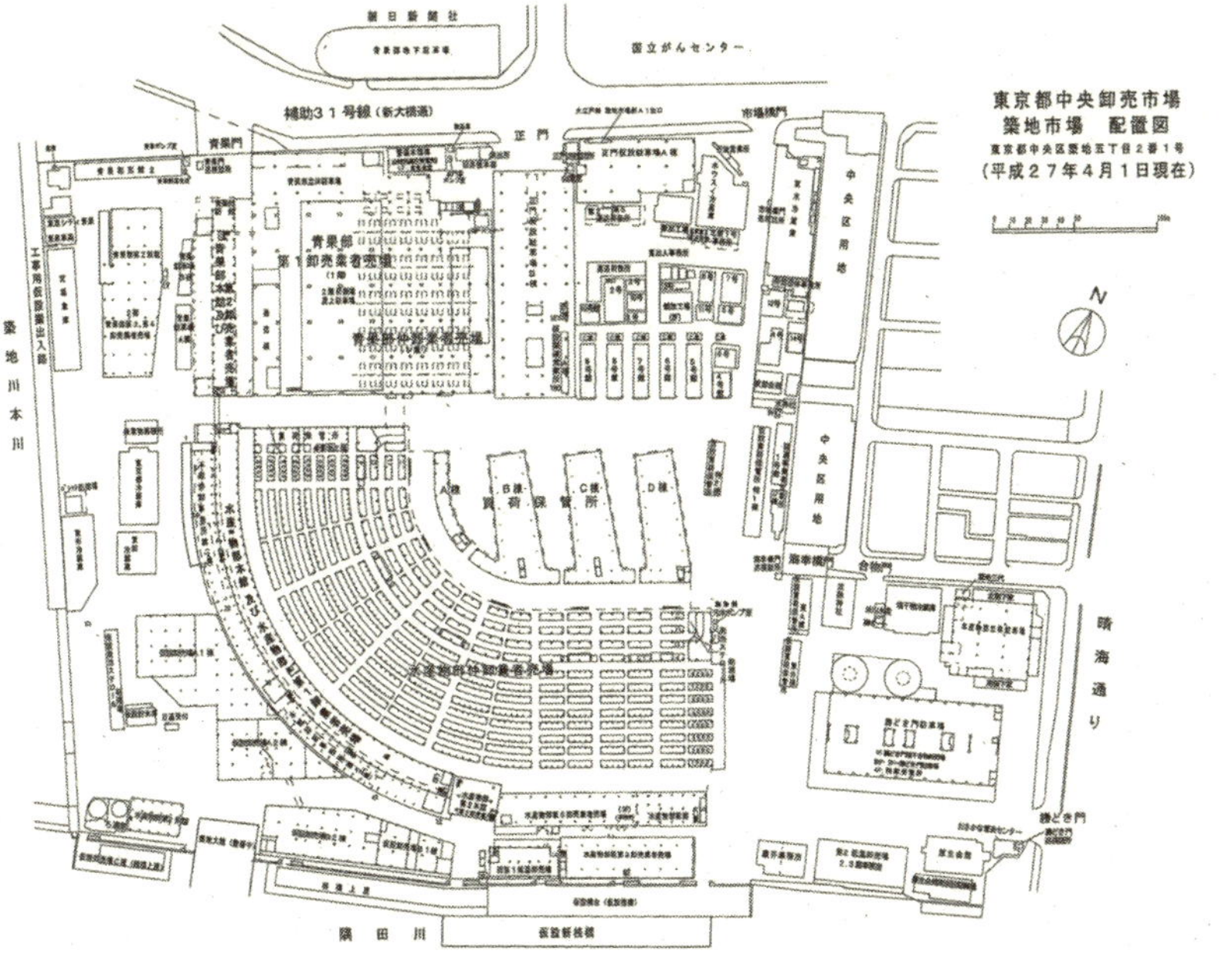

図２　豊洲（東京都中央卸売市場 HP より）

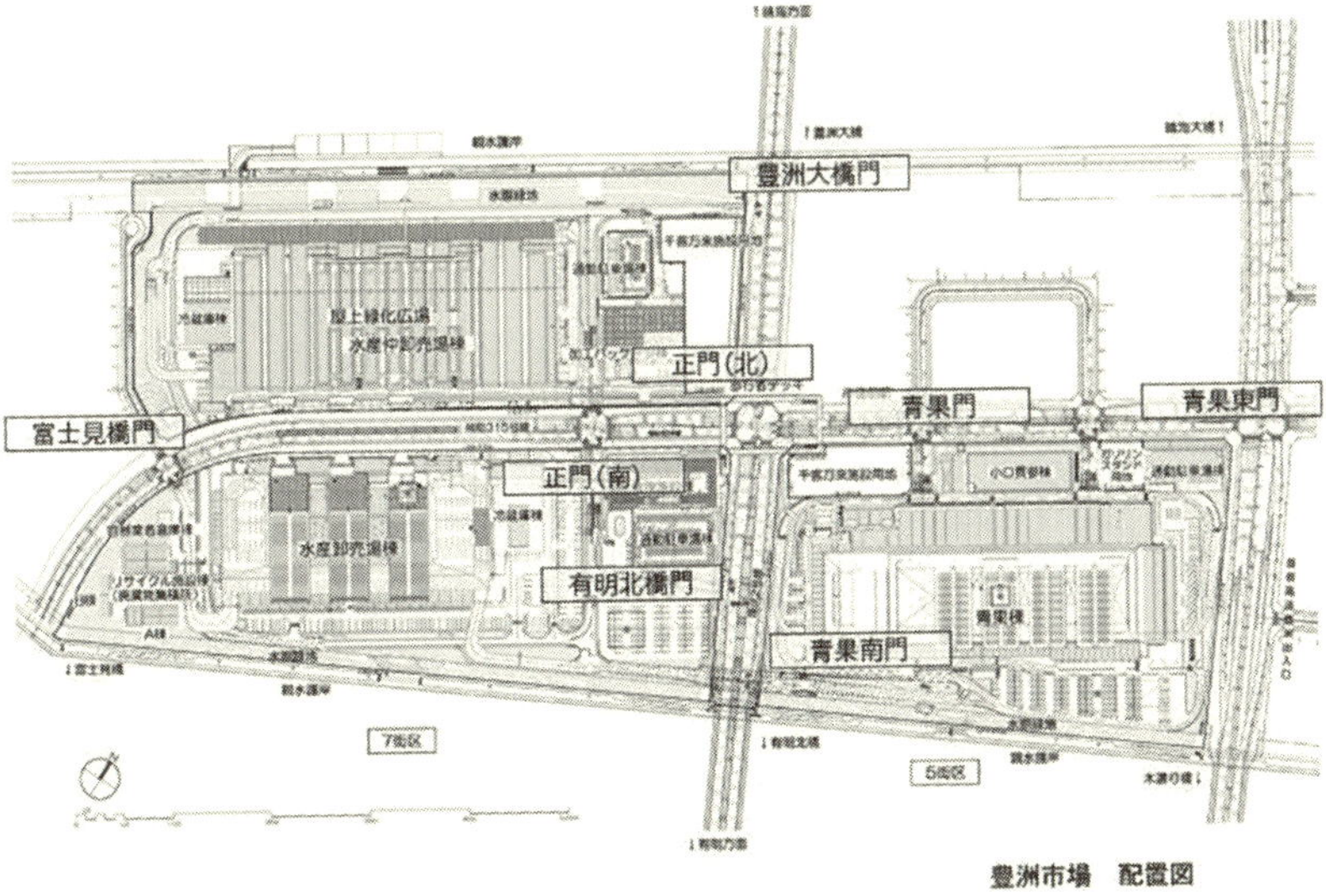

荷くずれ、事故の危険……!!

第3回PT会議で議論された課題の一つが、建物内のターレスロープのヘアピンカーブです。坂道かつ狭いスロープに多くのターレ・フォークリフトが密集するなかでの急カーブ。急カーブというよりもUターンのような形状になっています。ミラーは設置されているものの、対向車がほとんど確認できない状況でUターンをするのですから、事故が起きることは目に見えています。

ターレの速度は、自動車等と同じようにその車種や搭載している荷物の重量により異なります。坂道ではその違いはより明らかになります。ターレスロープは上り二車線、下り一車線のみですから、一台でも荷崩れを起こしたり、速度の遅いターレがあれば、渋滞することも十分に考えられます（図3）。

大幅なコスト増加は必至

PT会議では、7街区水産卸売場棟3階の卸売場から6街区4階の小口買出人の方の積込場までターレ走行の所要時間は約7分であるとの結果も説明されました（図4）。

エレベーターの台数が限られている以上、現実的にはターレスロープの利用が主な動線と考えられます。水産卸売場から小口買出し人の積込場までというのは築地市場でいえば約1分で移動できる距離です。

1台だけを見れば5分程度の差かもしれませんが、築地市場全体の水産物の取扱量1628トン／日を考えれば、人件費やターレの電気使用量・劣化など様々なコスト増加につながるうえ、そもそも取扱量を保てなくなるのではないかという強い懸念も示されるところです。

6街区の入口で大混乱?

図5は、水産仲卸棟がある6街区入口のヘアピンカーブ部分です。6街区正門側の入口から入場し、スロープを上がって4階の積込場・荷捌場へ行く車、1階の積込場・荷捌場へ行く車、4階から降りてくる車、環状2号線が開通した後には環状2号線を通過する車が交差します。

設計を担当した日建設計がPT会議で提出した資料によれば、交通量予測に基づき、十分な交通処理能力があることを確認しているとのことです。しかし、1台ずつ

図３　（第５会 PT・株式会社日建設計提出資料より）

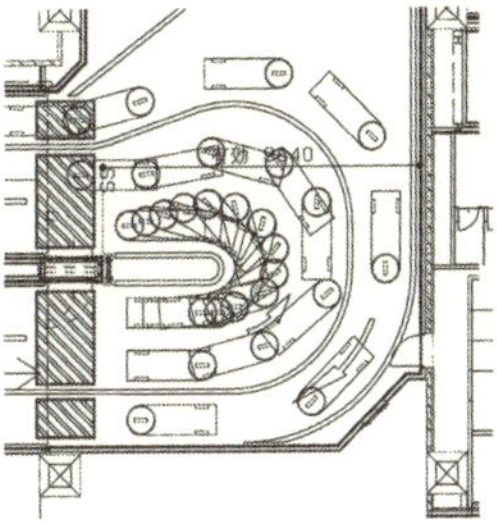

ターレ回転軌跡検討図

ターレ走行イメージ

図４　（第５会 PT・中央卸売市場提出資料より）

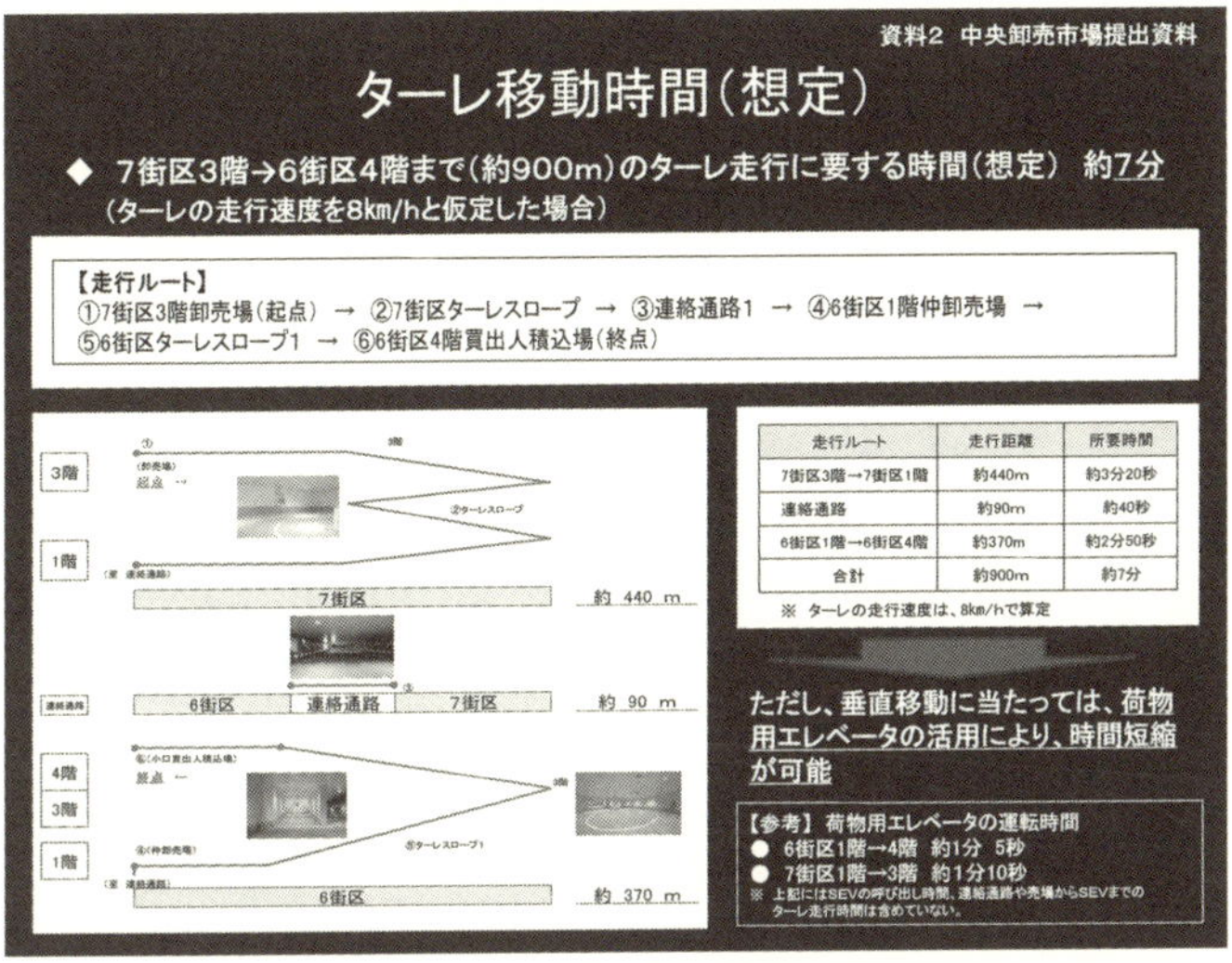

図５　（第３会 PT・株式会社日建設計提出資料より）

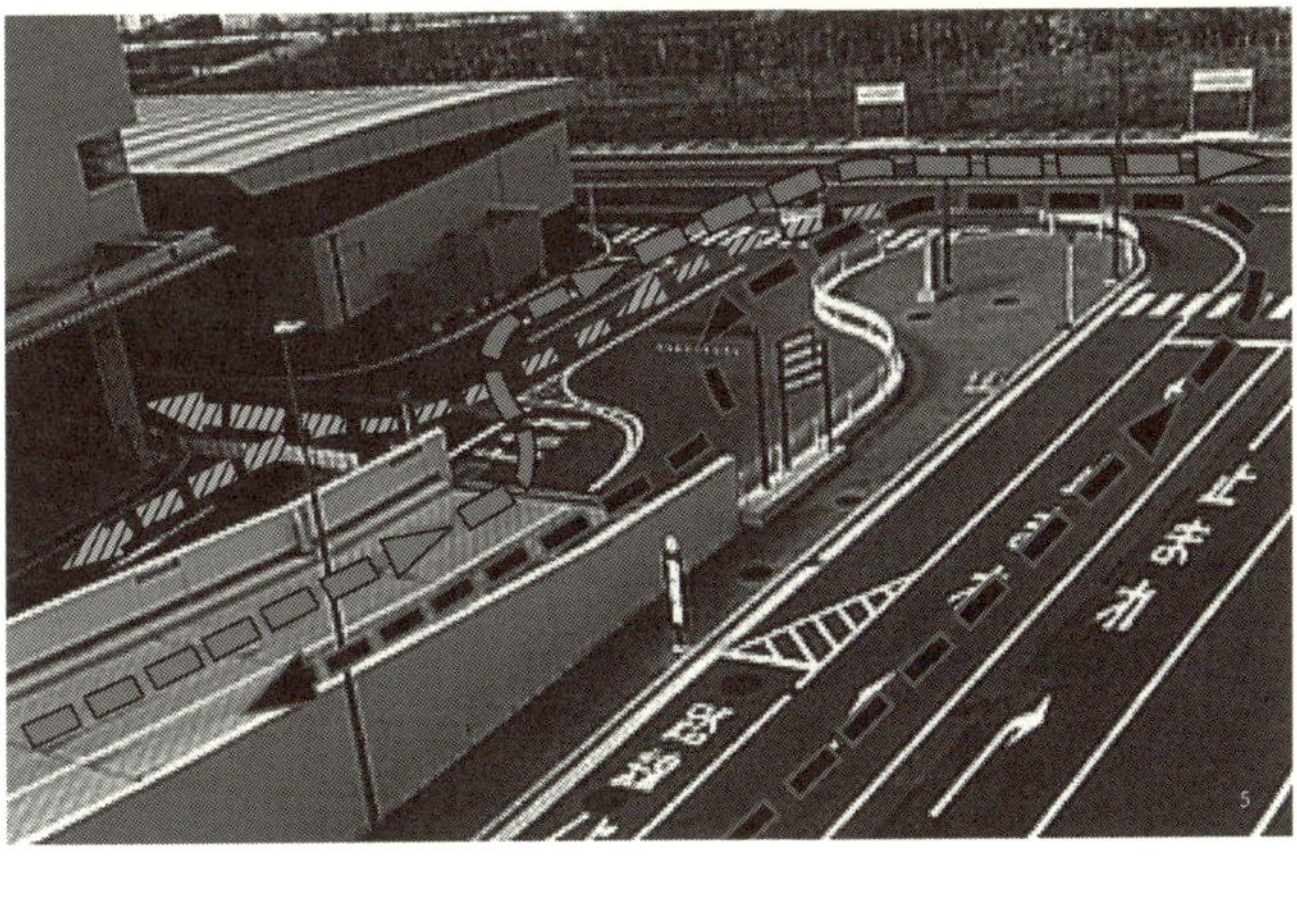

であればすれ違える広さであっても、4トントラックが続き、交差部に車両がはみ出た形で停止せざるを得ない状況が生じたらどうなるでしょうか。一か所でもトラックが滞留した場合には、すべての動線が動かなくなる危険性があります。

都民の食卓に食材が並ばなくなるかも

豊洲新市場は、日本一の取扱量を誇る市場として設計されています。当然、絶えず車両が出入りし、荷捌・積込がなされることも想定されていたはずです。また、市場内流通にとっては動線の確保が最も重要で、効率的な動線かつ安定的に滞留せずに動き続けられる動線の確保は必須の要件であったはずです。基本方針にもあるように、「共同施設の利用に関する卸売業者、仲卸業者等の市場関係業者間の調整、それら業者の経営への影響等を考慮しつつ、当該卸売市場の経営戦略に即した計画的な整備・配置を推進する」必要があるのですから、市場内で働く業者から十分に聞き取りをして、最も効率的な動線確保をすべきであったのです。

しかし、開場前からこのように多くの不安要素を有する動線では、とても市場関係者は安心して豊洲新市場へ移転することはできません。

仮に荷物や自動車が市場内に滞留した場合、生鮮食品等を市場外に搬出することができなくなるのですから、都民の皆さんの食卓に上る食材の不足、価格の高騰に直結します。このような物流構造では、基本方針が留意すべきとしている物流の条件を到底満たしているとは言えません。

第4章　豊洲新市場用地取得に関する住民訴訟を読み解く

弁護士　斎藤悠貴

Ⅰ　住民訴訟とその法的論点

1　小池都知事による住民訴訟対応方針の見直し

「東京都といたしまして、豊洲の土地購入にかかる当初からの事実関係をまず明らかにしていこう、そして、これまでの住民訴訟への対応を改めて検討し直したいと、このように考えております」

これは、２０１７年1月20日の記者会見[1]における小池都知事の発言です。「住民訴訟への対応」を検討するというのは、豊洲新市場の用地取得について、東京都が石原慎太郎元都知事の損害賠償責任を追及するかどうかを再検討することを意味します。

この裁判が起こされたのは２０１２年5月24日。今でこそ、小池百合子氏が都知事に当選し、築地市場の移転問題が改めて慎重に検証されていますが、裁判が起こされた当時の都知事は、張本人である石原氏でした。同じ年に猪瀬直樹氏が都知事となり、２０１４年からは舛添要一氏が都知事となりました。築地市場の豊洲への移転を推進した石原都政とこれを引き継いだ5年間、都は、裁判の場においても、一貫して石原氏と都の責任を否定し続けてきました。豊洲新市場用地の購入には何も問題はなかったという姿勢を固持し続けてきたのです。

豊洲新市場用地購入の問題は、小池都知事によって問題が明らかにされてきたと考える人も少なくないように思います。しかし実際は、そのずっと前から、築地市場で働く仲卸業者の方々をはじめとした多くの人たちが、豊洲に市場を移転することはおかしいのではないかと声を上げ続けてきました。

2　長きにわたる闘いの日々

築地市場移転問題弁護団の結成は、豊洲新市場用地を掘って採取された土壌の検体（コアサンプル）を廃棄することを、裁判によって止めようとした約8年前までさかのぼります。それから、いくつかの裁判を通じて、豊洲に市場を移転することの問題点を訴え続けてきました。

それにもかかわらず、その問題がこれまで表に出てこなかったのは、東京都が豊洲新市場用地購入に至る経緯を隠し続けてきたことに大きな原因があります。私たちは東京都に対し、豊洲新市場用地取得に関する議事録等の情報公開請求を続けてきましたが、開示されるのは、そのほとんどが真っ黒に塗られたいわゆる「のり弁」でした。

ところが、小池都知事になり、これまで情報公開請求で開示された資料にべったりとくっついていた「のり」が次々とはがされました。裁判と情報公開についての問題は、本章のⅡで詳しく述べていきます。

なぜこの文書の存在がこれまで明らかにされなかったのでしょうか。明らかにすることで何か都に不都合があったのでしょうか。「のり」がはがされ明らかになってきたやりとりや、百条委員会が行われたことで表に出てきたこれらの文書の存在を前提に、東京都は裁判で何を述べるのでしょうか。今後の展開が注目されるところです。

そこで本章では、まずこの裁判がどのようなものかを知っていただくため、私たちが用地購入の何が問題だと訴えているのかについて解説します。そして、本章の後半（Ⅱ）では、東京都がこれまでの裁判でどのように反論してきたのかについて解説していきます。

3　住民訴訟のしくみ

原告は東京都に対して何を求めているのか

この裁判で原告になっているのは、豊洲新市場予定地について土壌汚染を考慮しない高い価格で購入したことが問題であると考えた築地市場の仲卸業者を含む東京都民です。裁判では、現東京都知事に対し、土地売買当時の都知事である石原慎太郎氏を相手として、578億1427万8000円の損害賠償請求をすることを求めています。この裁判の特徴は、「東京都知事に対し、違法な公金支出をした者を相手として損害賠償請求をするように求める」ことにあります。そのため、この住民訴訟を、「公金返還請求訴訟」ともいいます。地方自治法は、原告となった住民にお金を払うよう求める裁判ではなく、住民全体の利益になるように、このような裁判を用意しています。

東京都から石原氏に対する「訴訟告知」

このように「公金返還請求訴訟」は、裁判を起こした住民と、被告となる現在の東京都知事の間で行われるものですが、原告が勝訴した場合に損害賠償を請求される当時の都知事だった石原氏は、裁判の結果が出るまで指をくわえて待っていなければならないわけではありません。むしろ、積極的に裁判に参加し、自己

■住民訴訟の仕組みと現状■

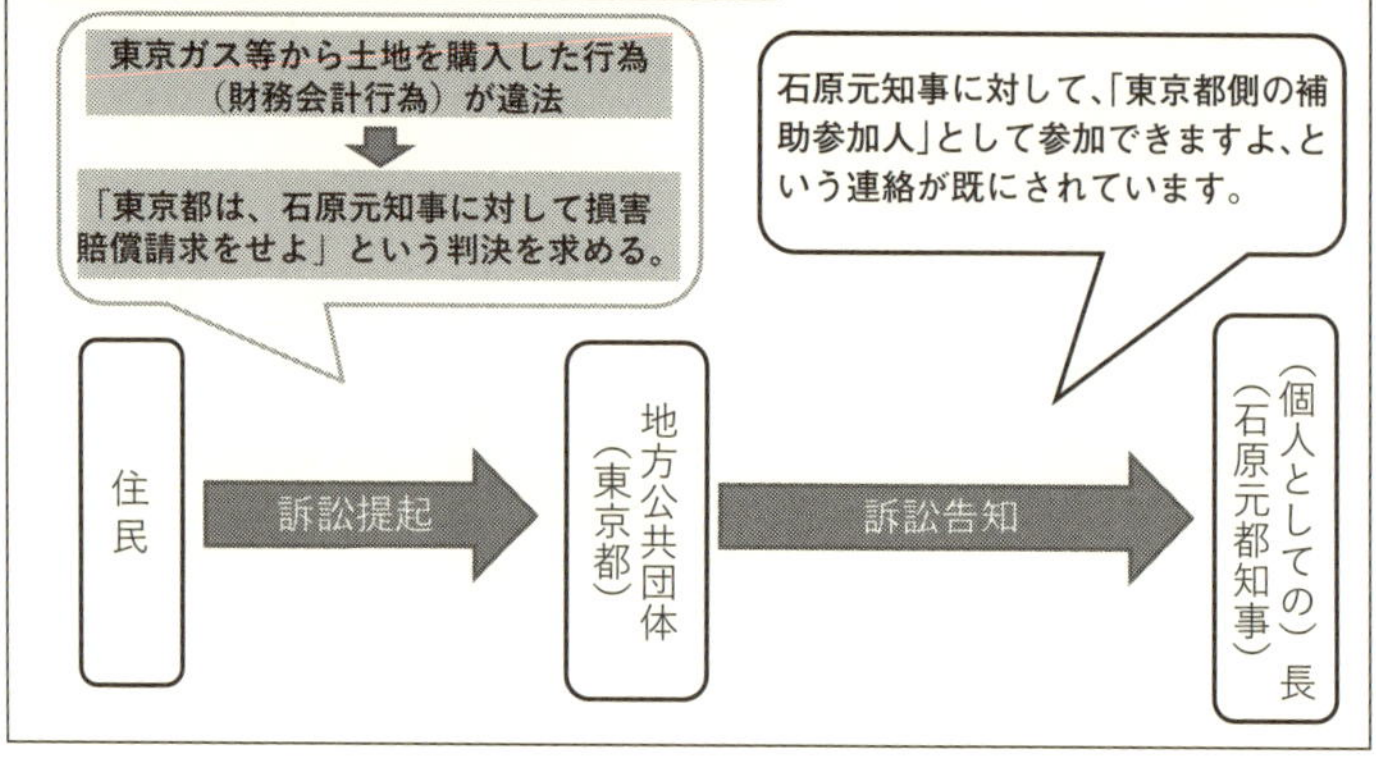

に責任がないことを訴えることができる制度になっています。

地方自治法は、請求を受けた執行機関（この裁判では現都知事）から、損害賠償請求の相手方となる者（この裁判では石原氏）に対して訴訟告知することを義務付けているのです。訴訟告知とは、簡単に言えば、訴訟があったことを知らせ、訴訟に参加する機会を与える手続です。訴訟告知が行われると、基本的に、訴訟に参加したかどうかに関わらず、原告の請求が認められた場合、裁判所が行った事実認定や法的判断の主なものについて後の損害賠償請求訴訟で争えなくなります。

そのため、石原氏は、訴訟に参加し、自己の公金支出の判断に違法性がないということを訴えていく機会が保障されているのです。石原氏は、訴訟告知からこれまで約5年もの間、訴訟告知に応答せず、訴訟参加をしていませんでしたが、２０１７年5月11日、ついに、補助参加申出書が裁判所に提出されました。今後は、裁判の場において、石原氏から豊洲新市場用地購入に関する書面が提出されることが予想されます。

もし仮に、石原氏が、自己の決定に違法性がなかったと主張するのであれば、百条委員会という限定された場やメディアに対して一方的な言い分を述べるだけでなく、この裁判の場においても自己の言い分をしっかりと述べていくべきでしょう。原告の裁判での主張

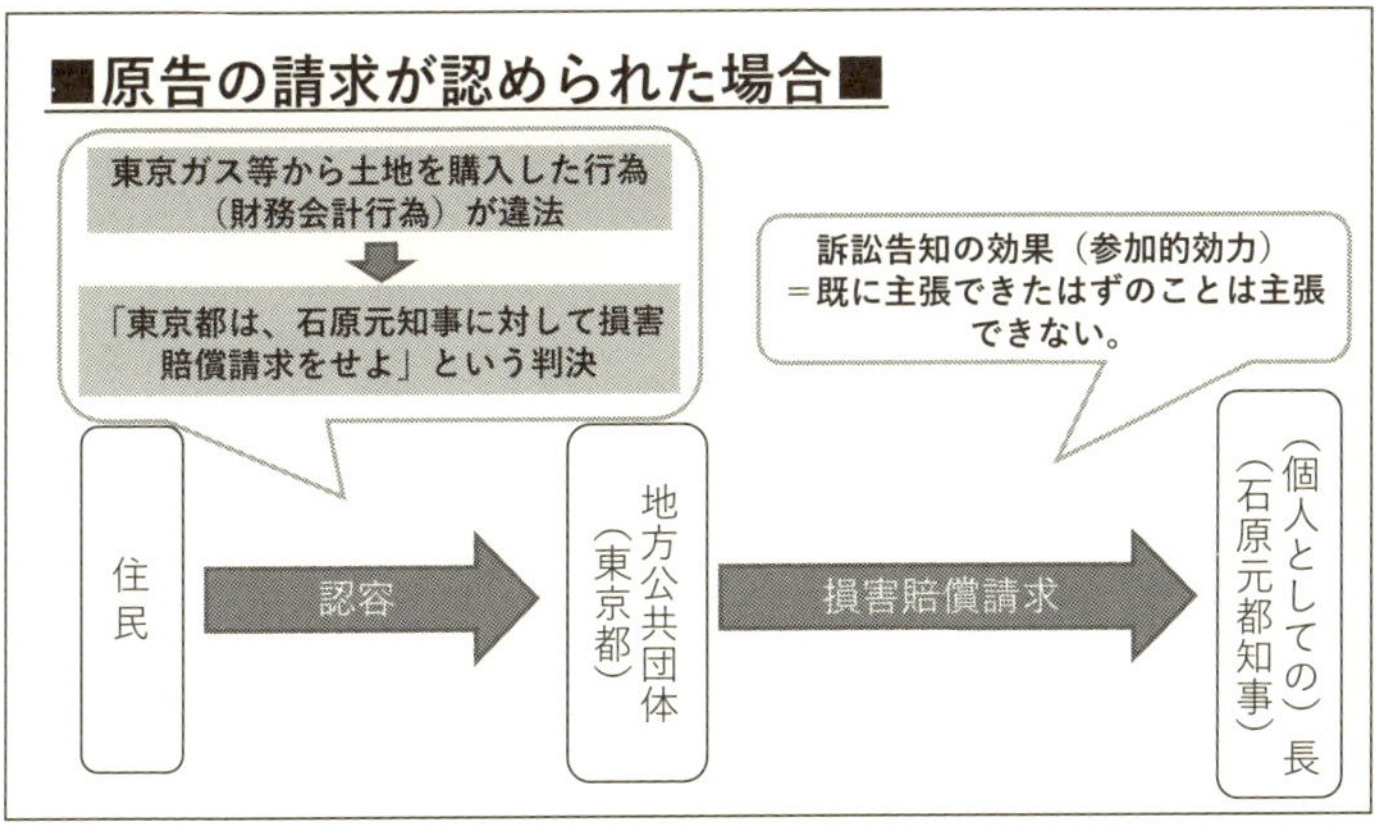

や質問に対して石原氏が真摯に答えなければ、豊洲土地購入に問題がなかったのかどうかについて都民の納得は得られないのではないでしょうか。

住民訴訟の意義

住民訴訟と聞いたとき、皆さんはどのようなものを思い浮かべるでしょうか。あまり聞くことのない言葉かもしれませんが、実はこの住民訴訟という制度は重要な意味を持っています。

【最高裁判所1978年3月30日判決】

地方自治法242条の2の定める住民訴訟は、普通地方公共団体の執行機関又は職員による同法242条1項所定の財務会計上の違法な行為又は怠る事実が究極的には当該地方公共団体の構成員である住民全体の利益を害するものであることから、これを防止するため、地方自治の本旨に基づく住民参政の一環として、住民に対しその予防又は是正を裁判所に請求する権能を与えもって地方財務行政の適正な運営を確保することを目的としたものであって……住民が自らの手により違法の防止又は是正をはかることができる点に、制度の本来の意義がある。[2]

大切なことは、「住民が自らの手により違法の防止又は是正をはかることができる」制度だということです。つまり、住民訴訟は、地方公共団体の執行機関や職員が財務会計上の違法な行為などをしたときに、住民が自らの手で、公益の代表者として地方財務行政の適正化を訴えることができる制度ということになります。

一般的には、馴れ合いや様々なしがらみにより、現職の地方公共団体の長や地方議会が前職の地方公共団体の長を責任追及できないということも少なくないでしょう。実際、石原都政が豊洲新市場を購入した後、住民が豊洲新市場用地の問題点を再三訴えていたにもかかわらず、猪瀬都知事、舛添都知事はこれを問題として取り上げることはありませんでした。そして、都議会でも、十分なチェックができていなかったといえます。このような場合であっても、住民の手により地方財務行政の適正化を訴えられるという意味で、住民訴訟は極めて重要な意味を持つのです。

住民訴訟の手続

もっとも、住民訴訟は、財務会計上の違法な行為があった場合にすぐ訴えを提起できるわけではなく、まずは監査請求をすることを地方自治法は求めています（地方自治法第２４２条２第１項）。しかも、原則として、問題となる財務会計上の行為があった日から1年以内に監査請求をしなければならないという期間制限がありますので（地方自治法第２４２条２項）、私たちは、問題となる財務会計上の行為を発見した時から、迅速かつ慎重な検討・判断が求められることになります。

4　原告の主張を知る

公金の無駄遣いは法律違反

それでは、原告の訴えの内容を具体的に解説します。まず、今回の豊洲新市場用地購入の問題を考える時に重要なのは、公金の無駄遣いは法律違反になるということです。次の法律を見てみてください。

【地方自治法第2条14項】

地方公共団体は、その事務を処理するに当つては、住民の福祉の増進に努めるとともに、最少の経費で最大の効果を挙げるようにしなければならない。

【地方財政法第4条1項】

地方公共団体の経費は、その目的を達成するための必要且つ最少の限度をこえて、これを支出してはならない。

【東京都公有財産規則第47条1項】

普通財産の管理及び処分に係る予定価格並びに財産の取得に係る予定価格は、適正な時価により評定した額をもつて定めなければならない。

このように、法律や規則が、東京都に対し、「最小の経費で最大の効果を挙げる」こと（地方自治法第2条14項）、「経費は、その目的を達成するための必要且つ最小の限度をこえて……支出してはならない」こと（地方財政法第4条1項）、「財産の取得に係る予定価格は、適正な時価により評定した額をもつて定めなければならない」こと（東京都公有財産規則第47条1項）を要求しています。つまり、当たり前のことではあるのですが、法律や規則も、地方公共団体の公金の無駄遣いを明確に禁止していることになります。

実際に、地方公共団体が土地の売買契約等を行ったことが問題となった裁判でも、「地方公共団体が本件各土地のような財産を正常な価格に比して著しく高額な対価で取得することは、地方公共団体の財政の適正確保の見地から看過し得ないものとして地方自治法2条14項、地方財政法4条1項の趣旨に照らし違法、無効と評価される場合がある」[3]と述べられています。

土壌汚染と土地の価格

まず、原告らが指摘する2011年の土地購入の最大の問題点は、汚染が残存する土地であるにもかかわらず、汚染を考慮しない価格で評価し、高い価格で汚染地を購入したことです。

そもそも、環境法の分野では、「汚染者負担原則」という考え方があります。これは、土壌汚染の防止や原状回復などの費用を汚染者が負担すべきという考え方です。

そしてこの考え方は、汚染のある土地の売買金額にも当然に影響してきます。つまり、不動産取引の世界では、汚染が存在する土地の適正な価格は、汚染がない場合の価格から土地利用における健康リスク等の心理的嫌悪感による価格形成への影響を減じ、そこからさらに土壌汚染対策費用を減じたものとされているのです。したがって通常は、土壌汚染の存在する土地の価格は、以下のような計算式で計算されることになります。

土壌汚染の存在する土地の価格＝土壌汚染がない場合の価格－心理的嫌悪感等（スティグマ）による価格形成影響－汚染対策費用

このような計算式を説明しなくても、よく考えれば、汚染がない土地の方が汚染のある土地に比して価格が大きくなるのは誰が考えても明らかでしょう。

なお、都と東京ガス等は、土壌汚染対策費用について別途協議を行っています。そして、2011年3月31日に行われた売買契約と同じ日、東京ガス等が土壌汚染対策費用として78億円を負担することを内容とする「豊洲地区用地の土壌汚染対策の費用負担に関する協定書」（協定書）を締結しているのです。しかし、この負担額は、汚染者負担の原則からすると明らかに不十分でした。

なぜなら、2007年4月に設置された「豊洲新市場における土壌汚染対策等に関する専門家会議」（専門家会議）の調査では、豊洲新市場予定地に環境基準を大幅に上回る有害物質が確認されているからです。遅くともこの時点で、都は、豊洲新市場予定地に深刻な土壌汚染が残置されていることを認識しているはずです。その後、豊洲新市場予定地における土壌汚染対策を具体化するために設置された豊洲新市場における土壌汚染対策工事に関する技術会議（技術会議）では、土壌汚染対策費用が試算されています。技術会議において策定した技術・工法をもとに算定した土壌汚染対策費用が2009年2月の技術会議の報告書[4]によって示されました。そこでは、586億円もの土壌汚染対策費用が必要とされました。東京ガスが負担する78億円という金額が、いかに低額かが分かるでしょう。

都知事の持つ裁量を大きく超えている

私たちも、適正な金額とされる金額から1円でも高い金額で土地を購入したら違法だと言っているわけではありません。都政を行っていく中で、様々な事情を考慮して、客観的にみて適正な金額よりも高い金額で不動産を購入しなければならない場面もあるでしょう。

ただし、その場合、高い金額で購入しなければならない理由の説明が必要です。しかし、裁判では、都からそのような説明がなされているとは言い難い状況です。豊洲新市場用地の購入に関していえば、土壌汚染という土地の価格を決定する上で極めて重要な要素が考慮外とされ、汚染がない条件のもとで評価した金額で購入しているのです。土地価格の評価条件を恣意的に変えることは許されません。土地の価格に大きな影響を及ぼす汚染を考慮しない価格で購入したことは、都知事の持つ裁量を大きく超えていると私たちは考えています。

深刻な汚染地を市場用地として購入したこと自体が間違い

注目していただきたいのは、私たちが今回の訴訟において、「土地購入金額の全額が都に与えた損害だ」と主張していることについてです。適正な価格との差額を損害だと主張していないことには理由があります。それは、私たちが、豊洲新市場予定地を築地市場の移転先として購入したこと自体が、安全面からも、費用面からも、明らかにおかしいと考えているからです。

つまり、問題の土地は、利用目的を考えずにただ購入を進めたのではなく、鮮魚や青果などの生鮮食品を扱う中央卸売市場として利用するために購入が検討されたという経緯があります。そうだとすれば、身体に入る生鮮食品を扱うという性質上、食の安全を第一に考え、東京ガスの工場跡地で深刻な土壌汚染が容易に想定できる土地の購入は本来すべきではなかった。万が一そうでないとしても、購入するかどうかの判断は特に慎重でなければならなかったといえます。しかも、２０１１年に土地を購入する前の時点で、豊洲新市場予定地の購入を行うべきではないとして、土地取得を止めるよう求める裁判も行われていたのですから、都知事は、土壌汚染の問題を十分に認識することができていたはずです。それにもかかわらず、環境基準を大幅に超える有害物質が存在することを認識しながら、東京都は、豊洲新市場予定地を購入するに至りました。そして、費用についても、本来考慮すべき土壌汚染対策費用を考慮せずに売買価格を決定し、それによって、適正な価格より著しく高い金額で土地を購入しているのです。
このように、東京都は中央卸売市場として使用する目的で、しかも土壌汚染対策費用を考慮しない価格で土地を購入していることを考えれば、食の安全を確保できず経済合理性に反する土地の取得自体が不当かつ違法と考えられます。そこで私たちは、土地取得額全額が損害ではないかと考えたのです。

東京ガスに追加費用を請求できなくした「協定書」

２０１１年に土地を購入する際、都は東京ガス等に対し、その後追加の土壌汚染対策費用を求めない内容の文書を作成しています。この文書は、２０１１年3月31日に東京都と東京ガス等との間で作成された「豊洲地区用地の土壌汚染対策の費用負担に関する協定書」です。そこには、東京ガス等の土壌汚染対策費用の負担額を78億円とすること、費用負担対象となる土量に変動が生じた場合でも、費用負担額の増減を行わないことが記載されています。

前にも述べたように、２００９年2月の技術会議の報告書[4]によって、土壌汚染対策費用の金額は５８６億円とされていたわけですから、そもそも東京ガス等の負担額78億円は少なすぎます。この協定書によって、都は、追加の汚染対策費用を東京ガス等に請求できなくなりました。実際に対策工事を行ってみると、対策費用は約８６０億円まで増加しています。しかし、都は、協定書があるために、東京ガス等に費用の増加分の負担を求められません。

したがって、東京ガス等が負担する土壌汚染対策費用を限定し、その後に予想される土壌汚染対策費用をすべて東京都の負担とする協定書も、その問題が問われるべきものではないでしょうか。

参考文献等

1　東京都［2017］「小池知事『知事の部屋』／記者会見」（1月20日）（http://www.metro.tokyo.jp/tosei/governor/governor/kishakaiken/2017/01/20.html）
2　最高裁判所1978年3月30日判決『民集』32巻2号、485号
3　松山地方裁判所2012年5月30日判決『判例地方自治』412号27頁
4　東京都［2009］『豊洲新市場予定地の土壌汚染対策工事に関する技術会議報告書』（2月）

コラム4

豊洲新市場は〝使い切り〟

東京都には現在、築地市場を含めて11の中央卸売市場があります。PTによれば、この11の市場の経営の収支は、年間概ね180億円~200億円程度とのことです。

この市場規模の経営体が、豊洲市場に移転するために5884億円を投資し、その投資に見合う利益がでるのか、豊洲新市場の経営は継続性があるのかという点が、第5回PT、2017年4月8日の説明会で議論された内容です。

■豊洲新市場開場後にかかる費用
・建物建築費の減価償却
・建物・設備の改修費等
・水光熱費等の維持管理費

小池都知事が豊洲移転延期を発表した当時、延期期間の豊洲新市場の維持管理費は、1日700万円かかるから早く移転した方がよいという話が大きく報道されました。しかし、豊洲新市場の開場後の維持管理費は、1日で約2000万円、築地市場の約5倍になります（図1）。

PT会議において財務課長は、豊洲新市場の経常損益自体は赤字になるものの、減価償却費などを控除した

図1

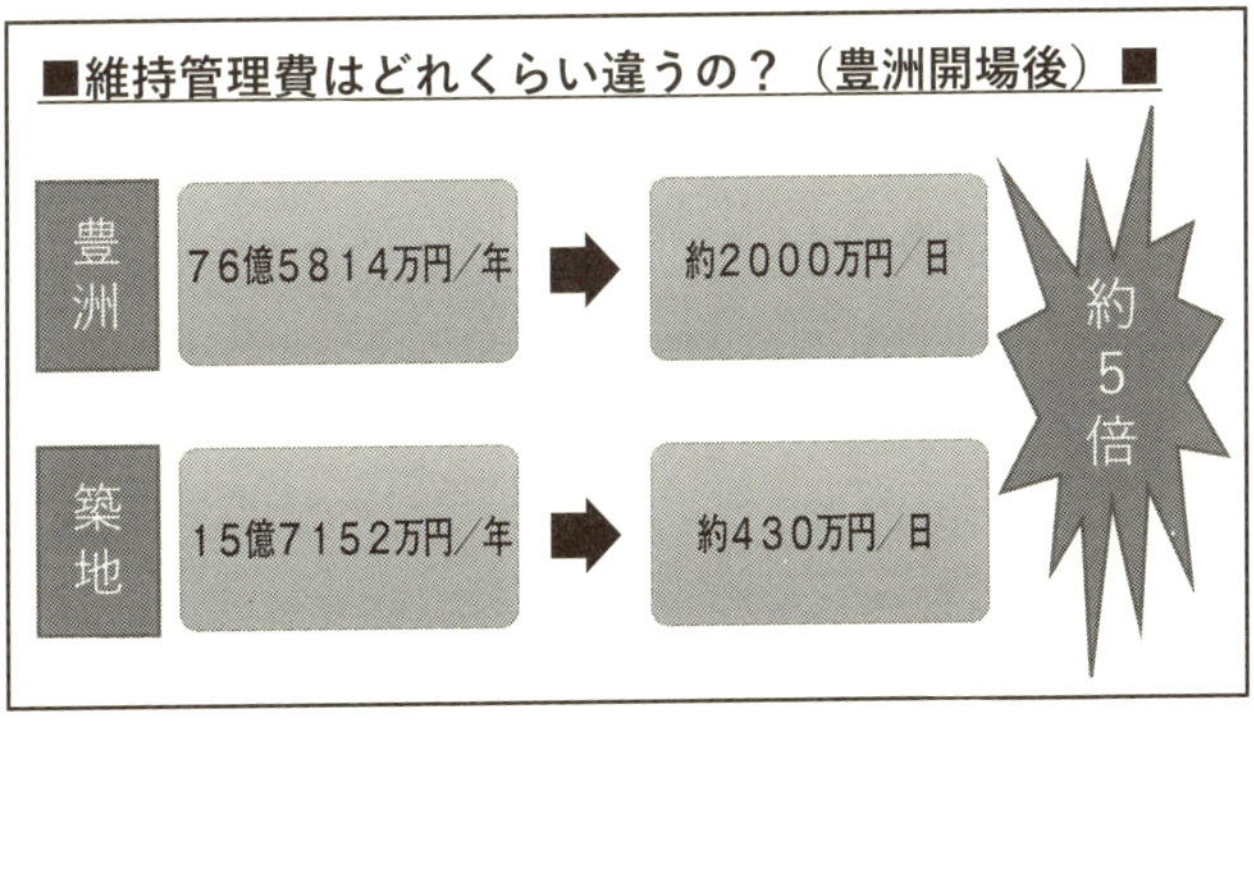

図2　（第5回PT・中央卸売市場提出資料）

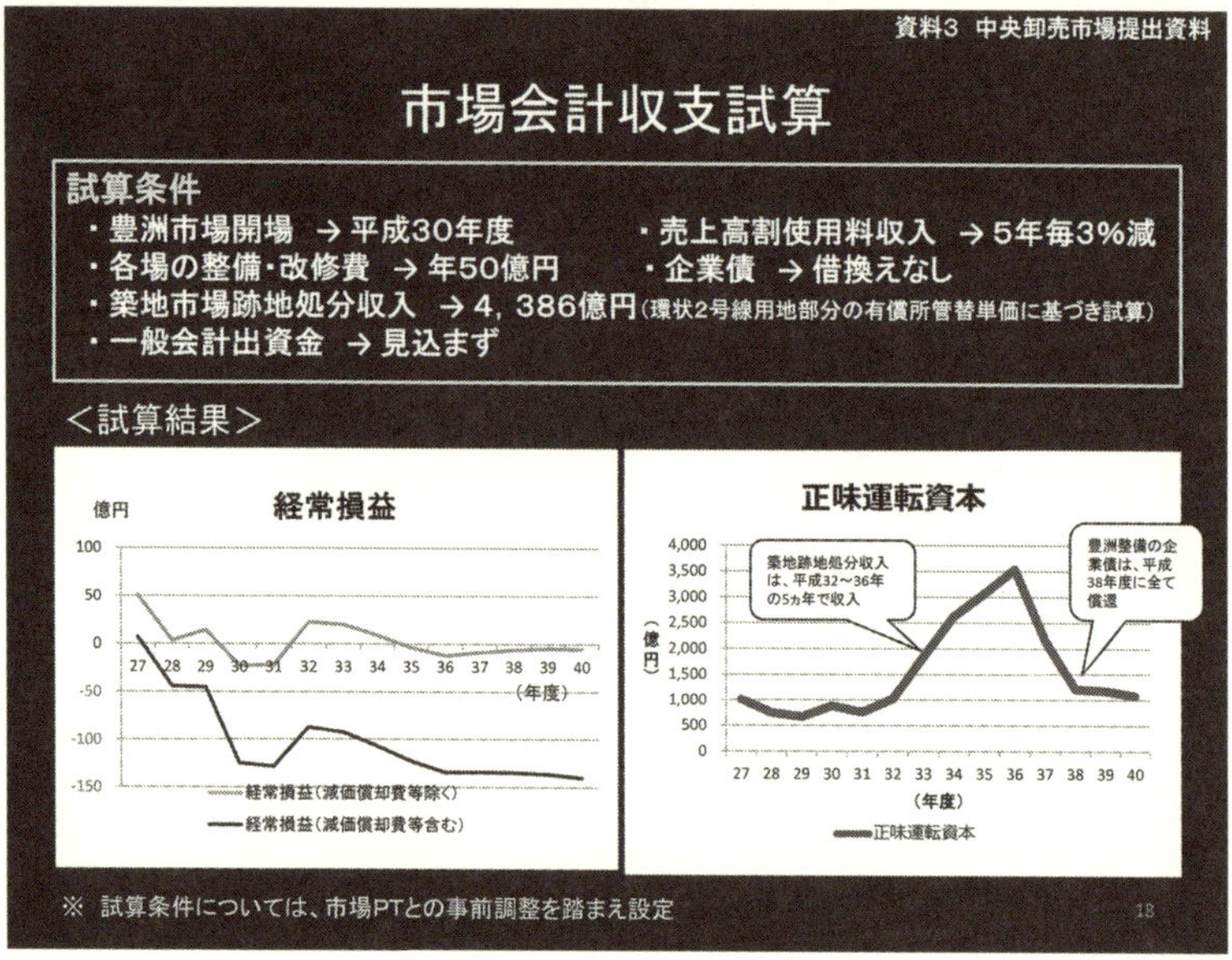

日々の運転にかかわる収支は均衡するので、会計として運営可能であるという試算を報告しています（図2）。

確かに、実際にキャッシュの出入りがあれば、日々の経営は可能なのかもしれません。

しかし、減価償却費を考慮しないということは、豊洲新市場に大規模修繕が必要となった場合にその資金源が全く確保されていないことを意味します。当てになりそうな、築地市場跡地処分収入は既に考慮してしまっていますから、これを使うこともできません。〝使い切り〟になってしまうということです。

4月8日の説明会の「豊洲移転案」によれば、減価償却対象の建物・設備約3050億円のうち設備が約1000億円であり、設備の20％を15年ごとに更新するとすれば、15年ごとに約200億円のキャッシュが必要となります。このキャッシュはどこから支出するのでしょうか。

卸売市場の収入は、業者から回収する施設使用料のみですが、東京都は、豊洲市場に移転しても業者が支払う使用料はあまり上がらないと説明しています。上がらないというのも「当面」という留保つきですし、使用料以

外の「バース利用料」や「通勤駐車場の利用料」なども
あるため、現実的に業者の負担が増える可能性も十分に
あると考えられます。
とはいえ、原則施設使用料が上がらないとすれば、施設使用料から設備代・大規模修繕費を支出するつもりはないということは分かります。
そうであれば豊洲市場を〝使い切り〟でなくすためには、
①現在11ある市場を順次売却してその収益を市場会計に繰り入れ、赤字を賄うという「たこ足生活」をする
②東京都の税金投入をする
この2つしかありません。

豊洲新市場移転問題については、まだまだ東京都民の皆さんからの関心が低いと感じています。コラム2で触れた土壌汚染の問題では皆さんの口にする食べ物それ自体が安全なのかというところが問われています。今お話ししてきた豊洲の事業継続性の問題は、皆さんの口にする食べ物の価格、そして皆さんが払っている税金の使い方、ひいては増税にまで発展しうる問題なのです。

Ⅱ　都の反論

1　住民訴訟における東京都の姿勢

弁護士　本田麻奈弥

住民は都に対して、東京ガスからの豊洲新市場予定地購入は違法として住民訴訟を起こしました。では、訴えられた都は、どのような反論を展開したのでしょうか。

住民側の訴え――なぜこの土地を、なぜこの値段で

まず住民は、市場に適さない汚染地を市場用地として購入したこと自体が違法だと訴えました。東京ガスは都に土地を売る前、独自に土壌汚染対策を実施していました。けれども、その汚染対策完了後、土壌汚染が次々と見つかったのです。このような状況で、都が市場用地として汚染地を購入すること自体問題であり、白紙撤回するべきだったと訴えたのです。

また住民は、仮にこの土地を買うとしても、その価額は土壌汚染対策費用を考慮した価格でなければならない、それなのに都は土壌汚染対策費用をきちんと考慮しない高い値段で買ってしまった、だから違法だと訴えました。例えば、汚染のない前提での土地評価額が1億円の土地の場合、土壌汚染対策費用が3000万円かかるのであれば、その土地の価額は7000万円ということになります。これに加えて、心理的な嫌悪感に伴うさらなる減額があり得るわけです。

今回、都が東京ガスから買った土地の場合、汚染のない土地の評価額が約578億円。都が決めた土壌汚

染対策費用は、今回購入した面積分だけでも約156億5000万円です[1]。そうすると、土壌汚染を前提とする場合、この土地の適正な金額は、汚染のない土地の評価額578億円から汚染対策費用156億5000万円を差し引いた421億5000万円ということになります。

ところが、今回都が東京ガスから買ったこの土地の値段は578億円。汚染のない土地の価額でした。通常この価額で買うためには、東京ガスが、土壌汚染対策費用約156億5000万円を負担して土壌汚染対策工事を行っていなければ整合がとれません。ところが、東京ガスが負担を申し出た汚染対策費用は、全市場用地で総額78億円、今回購入する面積分にするとわずか約22億5000万円に過ぎません。

つまり都は、東京ガスに対して、156億5000万円かかる費用のうち22億5000万円だけしか負担させず、残りの134億円は都の負担としたうえで、なおかつ汚染はないと評価して土地を購入したのです。

考えてみてください、単位が大きいので感覚が麻痺しそうですが、その差は約134億円です。1000万円でも、1億円でも、10億円ですらなく、100億円以上の問題です。やはり客観的に数字をみれば、「適正な金額」とは言えません。

こうした理由から、住民は、都に対して、この土地をこの値段で買ったことは違法だと主張しました。

都の主張――必要な土地を、適正な値段で

こうした住民の主張に対して、都は、市場移転が不可欠であるとして購入の必要性を主張しました。では、なぜ汚染のない土地の価額になったのか。都は裁判の中で「土壌汚染のある土地は、汚染がない場合の土地の価額から土壌汚染対策を差し引いた金額になる」という考え方自体は争いませんでした。それでもなお、今回の購入価額は、次のような事情で汚染のない土地の価額で評価した、だから、汚染のない土地の価額でも「適正な価格」だったと反論したのです。都の説明はこうです。

①まず、土壌汚染のある土地の値段の決め方については、法律で決まっているわけではない、だからその価額は当事者間で自由に決めることができる、そして価額の決め方が著しく不合理でない限り適法だろう。その前提で本件では次のような事情があった。

②築地市場の関連業界団体は、１９９９年、築地市場再整備推進協議会という会議の場で、築地市場を移転するべきという意見を集約した。だから都は移転先を探し、東京ガスに市場豊洲移転を打診した。

③東京ガスからこの土地を買い受けたのは２０１１年だが、２００２年、東京ガスとの間で「条例に基づく土壌汚染対策を行えば、汚染のない土地の価額で購入する」という約束をした。そして、東京ガスは約束した土壌汚染対策を全て完了させた。

④しかも、東京ガスは２００５年、都との間で、前記③に加えてさらに手厚い対策を行う約束をした。そして、東京ガスはそこで約束した土壌汚染対策も全て完了させた。

⑤さらに、東京ガスは売買契約締結時、義務もないのに、汚染対策費用として78億円を追加で支払ってくれた。

⑥都が土地を購入するときには、財産価格審議会という都の内部審査機関の評定を経なければならない決まりになっている。財産価格審議会は、価格が適切かをチェックする役割を担っているが、今回の購入は、その審査をきちんと経たうえで行っている。

⑦本件では、以上に述べたような手順を踏んでいる。だから、都が、東京ガスから、本件市場予定地を汚染のない土地の価額で購入したとしても何も問題はない。その購入価額は適正な金額そのものである。まして、法的に違法ということもない。

都は、大要このように主張したのです。

２　東京ガスから土地を購入するまでに起きていたこと

東京ガスが土壌汚染対策を終える前の見立て

確かに東京ガスは、２００２年と２００５年に都と話し合って決めた土壌汚染対策を実施し、２００７年4月、約束した土壌汚染対策を全て終えたことを都の環境局に報告しました。これによって購入予定地の土壌汚染が除去され、綺麗になるはずでした。

東京ガスの土壌汚染対策が完了する前の２００６年3月、都は都議会の答弁で、堂々と次のように説明していました（傍線筆者）。

質問：岡崎委員　そういった土壌汚染、生鮮食料品を扱う市場はより安全を確保したものでなければならないわけでありますけれども、汚染のある土地に移転をするという風評が立つだけでも、立てちゃいけないんです。立つだけでも市場業者にとっては大きな打撃となりますね。検出されている汚染物質はだれが何に基づいて処理をするのか、さらに、市場用地は確実に安全なものとなるのかお伺いします。

答弁：後藤中央卸売市場参事　土壌汚染の処理でございますけれども、汚染原因者である東京ガス株式会社が、東京都環境確保条例に基づき環境局に提出した汚染拡散防止計画書に沿って、加熱処理や洗浄処理や覆土などにより、すべての土地が安全となるよう処理を行っております。

市場は、処理が完了し、安全が確認された土地を購入することとなるわけでございます。[2]

さらに都は、２００６年12月の都議会でも次のように説明していました。

質問：門脇委員　例えば環境確保条例に基づいて高度加熱処理や水による洗浄処理などを行えば、汚染濃度は百分の一とか、あるいは一万分の一となり、基準以下になるのかもしれませんけれども、少なくとも、ちょっと言葉の使い方は難しいと思うんですが、ゼロになるということではないと思いますけれども、いかがでしょうか。

答弁：後藤新市場建設調整担当部長　東京ガスは、環境確保条例に基づく土壌汚染対策指針に沿って、汚染土壌処理基準以下になるよう処理を行っておりますが、測定できないごく微量な物質が残留する可能性はございます。そのような観点から、汚染物質が完全にゼロにならないこともあると認識しております。しかしながら、汚染土壌処理基準以下になるよう確実に処理をすることによりまして、環境面、健康面での安全性は確保されていると考えております。[3]

この説明を聞いたら、皆さんはどのように理解しますか。なるほど、東京ガスがきちんと汚染対策をして、ほとんどの汚染は除去されるのか、もうほとんど測定できないくらいの微量な汚染物質が残留するだけなのか、そのように理解するのではないでしょうか。

東京都の追加調査による新たな汚染の発覚

こうして東京ガスが土壌汚染対策工事を完了させた直後の２００７年4月、都は「豊洲新市場予定地における土壌汚染対策等に関する専門家会議」（専門家会議）を立ち上げました。市場関係者から上がり続ける土壌汚染に対する不安の声を払拭するために立ち上げた会議でした。委員は4名、各専門分野（有害物質、水質、土質、環境保健）の研究者が委員となり、会議は公開で行われました。

この専門家会議では、土壌と地下水の現状を把握するため、土壌・地下水汚染調査（追加調査）を行うことを決めました。この土地は、直前に東京ガスが土壌汚染対策を完了させたばかりでした。ところが、調査してみると、東京ガスの土壌汚染調査で汚染濃度が低いとされていた箇所の深い地点の地下水から、環境基準の1000倍を超える高濃度ベンゼンが検出されました。ベンゼンは発がん性が指摘される有害物質です。また、東京ガスが「障害物等の影響により調査が実施できなかった箇所」も地下水調査を実施してみると、環境基準の120倍のベンゼンの存在が判明したのです。このように、東京ガスの対策では見逃されていた汚染の存在が複数判明しました。

また、この時の地下水の調査によって、地下水位が当初の想定より約1mから3・5mも高いことが判明しました。地下水の水位が高ければ、地下水を介して汚染も広まります。地下水の水位を管理することは、土壌汚染対策のうえで極めて重要な役割を占めていました。

東京ガスの土壌汚染調査で汚染濃度が低いとされていた地点に高濃度の汚染が見つかったことは、専門家会議でも大きく問題視されました。この時の委員の間に走った衝撃は、議事録にも残っています。

駒井委員　ベンゼンの濃度のデータですが、データを見て少しびっくりしたというのが実感です。……例えばD-12とかK-25というところでは、東京ガスの調査では比較的低い濃度で推移していたデータが、今回の東京都の独自の調査ではかなり高い値が出ています。……特にベンゼンについては揮発成分ですので、汚染物質が残っていること自体が問題であるということで、これはかなり懸念される事項だと思います。

森澤委員　今回高い濃度のベンゼンが、低いと想定していた6街区で出ました（筆者注：6街区は水産仲卸売場棟が建設される予定の場所）。しかも、議論は、環境基準の10倍を超えるような汚染は残っていないだろうという前提で来ていたところがありますが、これをはるかに超えるようなベンゼン濃度が検出されたという意味を考えますに、普通に考えますとほかの場所でも出る可能性があるという懸念を持ちました。したがいまして、追加調査をご提案申し上げたいと思います。

内山委員　いくら不確実性があるといっても、……前回までのときに出ましたコンター図で低いであろうと言われているD－12、あるいはG－12でこういう高い値が残っている。それから、ベンゼンだけでなくてヒ素もある程度高いところがあります。そういうことですと、いままでの仮定が成り立たなくなってしまったわけですから、リスク評価をやっても、出た結果はあまり意味がなくなってきてしまうのではないかということです。[4]

詳細調査による新たな汚染の判明

以上のような追加調査の深刻な結果を踏まえ、専門家会議は、新たに地下水及び土壌の汚染実態調査を実施することを決定しました。すると、さらに深刻な土壌・地下水汚染が広がっていたことが判明しました。

驚くべきことに、猛毒のシアン化合物が検出基準の930倍（環境基準では検出されてはならないことになっています）、ベンゼンに至っては地下水から環境基準の1万倍、土壌から4万3000倍を超える汚染も確認されました。412２地点の土壌（表層部分）と地下水のうち、土壌または地下水で環境基準を超えた地点は、全体の36％である1475地点に上ったのです。

不可欠になった追加の土壌汚染対策

東京ガスが環境確保条例及びさらに手厚い（とされた）土壌汚染対策を完了したはずの土地で、認識をはるかに上回る土壌汚染の実態が判明したのです。また、地下水位が想定よりも高かったことも判明しました。

都は、土壌・地下水汚染対策の抜本的見直しを迫られたのです。

そこで都は、専門家会議において土壌汚染対策の内容を検討しました。最終的に、専門家会議は、市場として安全を確保するための土壌地下水汚染対策を提言しました。

しかし、都はこの結論に基づく工事を検討するのではなく、次に「豊洲新市場予定地の土壌汚染対策工事に関する技術会議」（技術会議）を設置しました。技術会議は非公開で行われ、委員は全7名（システムエンジニア2名、環境2名、土木2名、プロジェクトマネジメント1名）、座長は、システムエンジニアとして本会議に参加した原島文雄氏（2009～2015年首都大学東京学長）でした。なお、原島氏の専門は、ロボット工学です。

この技術会議で土壌汚染対策が検討されている間にも、新たな汚染実態が発覚しています。2009年1月、朝日新聞の報道により、人体に有害な物質であるベンゾ（a）ピレンが、都の公表値の115倍の汚染濃度であることが判明したのです。しかも都は、この汚染情報を技術会議には伝えていませんでした。

技術会議は最終的に土壌汚染対策に関する具体的方法をとりまとめ、都はこの報告書に基づいた土壌汚染対策を実施することになりました。ところが、その中身は専門家会議で提言された土壌汚染対策を大幅に変更したものとなっていました。

公開の専門家会議と非公開の技術会議、両者の最も大きな違いは汚染対策費用でした。専門家会議で提言された土壌汚染対策を行う場合、費用は973億円に上ります。ところが、技術会議でとりまとめられた方法で土壌汚染対策を行う場合、その費用は586億円にまで圧縮されることになるのです。4割近い大幅な減額、そこに技術会議の意図を窺うことができます。技術会議がまとめた報告書の中に次のような記載があります。

「専門家の研究結果では、土壌汚染対策費が土地価格の3割を超過した場合にブラウンフィールド（筆者

注：土壌汚染の存在、あるいはその懸念から、本来、その土地が有する潜在的な価値よりも著しく低い用途あるいは未利用となった土地）が発生するとしている」

この指摘とともに、報告書にはこう記されています。「この土壌汚染対策費586億円が、豊洲新市場予定地の土地価格2506億円に占める割合は、23・4％である。」[5]

専門家会議の土壌汚染対策費用973億円を前提にすると、売買価格に占める土壌汚染対策費は38・8％となります。そうです、ブラウンフィールドとなってしまうのです。他方、技術会議が出した汚染対策費用586億円を前提にするとどうでしょうか。無事、この問題をクリアできることになります。

市場予定地として真剣に土壌汚染対策が話し合われるべき場面で、数字合わせの議論がされたのではないか、そんな印象を拭うことができません。

結局、現在までに要した追加の汚染対策費用は約860億円です。[6] 技術会議が大幅に圧縮した金額から1・45倍以上跳ね上がり、購入価額の34％を占める結果になってしまいました。残念ながら、結果としてこの土地は、ブラウンフィールドとなってしまいました。しかも、これだけの費用を投じても、現在もまだ環境基準を上回るベンゼン、ヒ素、シアンが検出されているのですから、事態は深刻です。

財産価格審議会のチェックすり抜け

都が不動産を購入するときには、財産価格審議会の評定を受けなければいけません。この「財産価格審議会」（財価審・ざいかしん）とは、都が財産を買ったり売ったりするときに価格が適正かをチェックするために設けられている都の機関です。当然、今回の土地購入とその金額も、財価審によるチェックを受けていました。ですから都は、裁判においても、財価審の決定に従った適正価額で土地を購入した、財価審の評定審議を経ているから問題ないと説明しました。

では、なぜ財価審は、汚染のない土地の価額で購入することについて、問題視しなかったのでしょうか。

実は、都は財価審に評定を依頼する際、汚染を考慮しない条件で審査を求めていました。その理由は「汚染についての処理費用の負担について、都と従前地権者との間で協議の上別途取り扱う」ため。これを受け財価審は、「土壌汚染処理費用は考慮しない」という条件で審議を行い、「汚染を考慮しない」土地として、購入価額578億円が適正かどうかの審査をしたのです。けれども、本来、土壌汚染のある土地では汚染対策費用をおいて、価格の正当性を判断することはできないはずです。

ちなみに、都は、市場予定地を何回かに分けて順次取得していきましたが、2006年に別の部分を購入する際も、今回と同じように財価審には汚染のない土地として評定を依頼していました。しかし、その時に「汚染のない土地」として評価させた理由は今回とは異なっていました。当時の理由は、「汚染物質を掘削除去することになっているため」。つまり、この時には対策によって汚染はなくなる、だから汚染を考慮しないで欲しいと依頼していたのです。それが2011年には、汚染処理費用の負担を話し合うから、と変遷しました。この間、専門家会議のもとで大量の土壌汚染が見つかったため、2011年の時点では、都も「汚染物質を掘削除去」できるとは言えなくなったからとしか考えられません。

ところが、都は、こうした財価審に対する条件の説明が変遷したことについても、裁判の中では「理由は一例を要約しただけなので、表現が変化したからといって矛盾した説明をしているのではない」と強弁しました。そして、財価審に審議の条件を付した点についても、「平成14年（2002年）合意があるのだから汚染のない土地で買わねばならない以上、このような条件を付すことも問題ない」と言い続けたのです。

しかし、あとで説明するように平成14年合意では「汚染のない土地」の価額で買わなければいけない合意などありませんでした。こうした条件を付して審議することは、財価審の適正な審議の潜脱にほかなりません。

土地購入時に東京ガスが支払った追加対策費用

こうして財価審でも審議されなかった東京ガスの土壌汚染対策費用追加負担額は、結局78億円でした。

先ほど記したとおり、都が実施しなければいけない土壌汚染対策費用は、総額586億円です。この汚染対策は、これまで都や東京ガスとの間では想定されていなかった負担です。こうした事態を踏まえて都がとった対応は、土壌汚染対策費用として東京ガスに対して78億円を負担してもらう、それ以外は一切請求をしない、というものだったのです。この金額は、当時都が過小評価してはじき出した586億円という対策費用の、さらに13％程度しか占めていません。

住民が強調する今回の土地購入の問題点

今回の土地購入の大きな問題点は、ここまで見てきたように、2007年以降に次々と深刻な土壌汚染・地下水汚染が発覚したこと、これに対する土壌汚染対策費用が500億円以上を要し高額なものとなることでした。このように問題が噴出していた土地を、漫然と、汚染のない土地の価額で購入した姿勢こそが問われているのです。

3　裁判における都の主張

不動産売買における土壌汚染の評価

ここまで説明したところで、都の主張に戻ります。

都はまず、土壌汚染のある土地の価格の決め方について、法律で決められていないから買う側と売る側で自由に決められる、著しく不合理でなければ適法だ、と主張しました。けれどもこの反論は、はからずも、都の姿勢の問題点を明らかにしました。

地方公共団体は、必要最少の経費で地方行政を賄うことを求めた法律の原則（地方自治法第2条14項や地方財政法第4条1項）を守らなければいけません。都の財産は、大切な都民の財産だからです。ポケットマネーのような感覚で、自由に使われては困るわけです（むしろ自分の財産だと思った方が大切にするのかもしれませんが）。

常識的に考えてみてください。買おうと思っていた不動産について、きれいになったと思って土壌を調べたら環境基準を上回る汚染がどんどん見つかった、中には何万倍という汚染もある、そんな事態が生じた場合、通常であれば、購入を諦めるか、土壌汚染対策費用の全額負担を求めるか、いずれかをしようと思いませんか。ところが都は、売主から土壌汚染対策費用の13％だけもらって後は一切請求しないというのです。これではさすがに、都は損をし過ぎではないかという感覚を持つ人がほとんどではないでしょうか。

その感覚は、専門的にみても正当化されます。

国土交通省は「不動産鑑定評価基準」（２００９年8月）を定めていますが、その中で「土壌汚染の有無及びその状態」を不動産の価格に影響する事情として挙げています。また、「不動産鑑定評価基準運用上の留意事項」（２０１０年3月策定）という運用規定の中でも、このように書いています、「土壌汚染が存する場合には、当該汚染の除去、当該汚染の拡散の防止その他の措置に要する費用の発生や土地利用上の制約により、価格形成に重大な影響を与えることがある」と。

さらに、もう少し専門的な説明をします。この市場予定地は、都が購入した後、土壌汚染対策法上の「形質変更時要届出区域」という地域に指定されました。この指定は、土壌汚染が存在するため、土地を改変するときに届け出なければならないとする汚染の指定区域を指します。そして、この土地の汚染状況からして、売買契約の段階から「形質変更時要届出区域」に指定されることは分かっていました。

この「形質変更時要届出区域」の土地を売買する場合の価額について、専門書籍では次のように指摘されています。「売買の当事者からすると、後者（筆者注：形質変更時要届出区域のこと）は汚染を残したままのリスク管理を要求されることになる。したがって、買主は、後者の場合には、土地売買価格を合意する際に、かなりの減額を要求することが多いといえよう。[7]」

このように汚染地の売買においては、汚染されているという事実そのものが、価格形成に重大な影響を及ぼすのです。

都が一番主張したかったこと

都が裁判で一番強調していること、それは「２００２（平成14）年の時点で、都は東京ガスに対し、汚染のない土地の価額で本件土地を購入することを約束していた」ということでした。購入の条件は、東京ガスが環境確保条例に基づく土壌汚染対策は実施すること。その約束を東京ガスも守った以上、こちらも約束どおり汚染のない土地の値段でこの土地を買わなければならなかった、そう説明したのです。

平成14年合意とは？

都の主張のポイントは、都が東京ガスとの間で交わした平成14年合意にあります。平成14年合意とは、平成14（２００２）年7月31日に都と東京ガスが交わした「豊洲地区開発整備に係る合意」（「平成14年合意書」）と「『豊洲地区開発整備に係る合意』に当たっての確認」（「平成14年確認書」）というセットになった文書で取り決められた合意のことです。

しかし、都の主張には致命的な問題点があります。それは、平成14年合意書にも平成14年確認書にも、どこにも「汚染のない土地の価額で買う」と書かれていないことです。肝心かなめの約束が書かれていないのです。むしろ、平成14年確認書の第5項には、「売買価額については、売買契約締結時の適正な時価とする」と書かれています。「適正な時価」とあり、汚染のない土地の価額とは書かれていないのです。

では、「適正な時価」が一体どうして汚染のない土地の値段と読めるのか、都は次のように説明します。

都と東京ガスの間では、平成14年合意の前から土壌汚染対策をどちらがどこまでするのかといったことが懸案事項になっていた、そんな中でまとめられた平成14年合意では、2007年までに東京ガスが環境確保条例に基づく対策を行うこと、その直後に売買契約を締結することが想定されている、つまり、東京ガスによる汚染対策完了後に汚染状況の調査を行うような時間はスケジュール上予定されていない以上、「汚染のない土地としての市場価額から減額することは予定されていない」と解するほかない、と。

都の主張は、結局のところ、平成14年合意には、汚染のない土地の価額で買うという約束についてはっきりと書かれてはいないけれども、汚染のない土地の価格で買うという前提で取り交わされたんだ、そういった趣旨のものでした。

しかし、こうした説明にはやはり無理があります。

まず何よりも、それほどに大事なことであれば、合意書に書かれないこと自体不自然です。都の主張するように考えるのなら、「適正な時価」ではなく、「汚染を考慮しない価額」と書くはずです。

また、都は「スケジュール上汚染状況の調査実施は想定されていない」と言いますが、平成14年合意では、契約期限がはっきり書かれているわけではありません。むしろ、平成14年確認書上「譲渡の時期については、『事業スケジュール』…を基本とし、今後、協議の上、決定する」（平成14年確認書第5項）と書かれています。具体的な譲渡期限は後で話し合いましょうと書かれてあるのに、調査をする余地は全くないと断言するのはおかしな話です。

そもそも都は、「平成14年合意で環境確保条例に基づく対策をしさえすれば」汚染のない土地の価額で買う約束だったと言いますが、平成14年合意では、環境確保条例に基づく対策をすれば、その後一切汚染対策の必要はないとも書かれていないのです。

結局、平成14年合意の文書をまじまじと見たところで、都が言うような説明は見えてこないのです。

汚染のない土地の価格で買うことが「法的義務」だという主張

都はこの平成14年合意について、「都が、東京ガスから、汚染を考慮しない土地の価額で購入する」法的拘束力のある合意だと主張しました。つまり、既に平成14年の合意によって、都が土壌汚染のない土地の価格で買うということが法的義務になっていた、だから、その合意に従って土壌汚染のない土地の価格で購入した、そう主張したのです。

法的義務ということは、これを約束通り履行しなければ、債務不履行責任が生じるという強いものです。しかし、平成14年合意で、汚染のない土地の価額で買う約束だったと主張するのが困難なことは、先ほど説明したとおりです。まして、これが法的義務だったということなど言えるはずがありません。

また、「汚染対策をすれば、汚染のない土地として考慮してもよいではないか」という都の説明は、一見するともっともらしく聞こえる人もいるかもしれませんが、これは決して合理的な説明とはいえません。

そもそも、平成14年合意で行うことになった土壌汚染対策は、当時の環境確保条例で定められた方法であり、汚染を「取り除く」ことではなく、「拡散防止」(汚染は土壌内に残すけれども、広がらないようにする）に過ぎません。そして、条例で定められた対策をしなければならないことと、その価額をどうするのかという問題は、本質的に別問題です。

しかも、平成14年合意が作られた時点で、国土交通省は「不動産鑑定評価基準」を改定しており、土地鑑定において土壌汚染の有無や状態が影響するとはっきり書いていたのです。

ですから、汚染対策をすれば汚染のない値段で評価する、という理屈は破たんしているのです。

平成14年合意の主張で決定的に欠けている視点

それに加えて、この主張は住民側の最も肝心な疑問に答えられていません。それは、２００７年以降次々と見つかった深刻な土壌汚染をどうして考慮しなかったのか、ということです。

裁判での都の説明を信じるならば、これほど深刻な汚染は誰も想像しなかった、皆、東京ガスが実施する汚染対策で綺麗になると思っていた、ということになります。こうした予想外の事態が起きたとき、平成14年合意に拘束されなければならないのかどうか、この点が検討されるべきです。ところが都は、裁判上、平成14年合意の存在を強調するばかりで、この予想外の汚染実態が発覚してなお合意が維持された理由について、きちんと説明できているとは言えません。

平成17年確認書

都は、裁判において、東京ガスが平成14年合意に基づく土壌汚染対策に加えて、２００５年（平成17年）にはさらに追加の土壌汚染対策を実施することを約束してくれた、そしてその約束どおり追加の土壌汚染対策も実施済みだと主張しました。当初の合意よりも、さらに手厚い対策をしたのであり、汚染のない土地と評価することを正当化する一つの事情だと主張したのです。

しかし、追加で汚染対策をしたと言っても、そのことが「汚染のない土地の価額で買う」ことにはつながらないはずです。かえって、２００５年に追加の汚染対策実施を決めたことは、２００２年の段階で「汚染のない土地の値段で買い取る」約束をしていなかったことを伺わせます。２００２年に決めた内容にお互いが拘束されるならば、２００５年に改めて対策を話し合う必要もありません。つまり、平成14年合意は、双方を法的に拘束するような強いものではなく、また環境確保条例に基づく対策さえすれば一切他の対策を取らなくてよいということを決めたものとはなっていないことを示しています。

過去の合意を踏まえて都がした主張

都は、汚染のある土地を汚染のない土地の価額で購入したことについて、「平成14年合意があったから」汚染のない土地の価額で買うほかなかった、２００2年当時、そうした約束をすることも十分合理的だった、しかも平成17年確認書でさらに手厚い対策をすることになった、これで十分でしょうと主張したのです。

しかし、そもそも平成14年合意により汚染のない土地の価額で買う約束をしたということは、かなり無理があります。しかも、東京ガスが汚染対策を完了させたという後でさえ、天文学的な汚染値が検出されてしまったのに、汚染のない土地の価額のままで良いという話は無理がありすぎます。

例えば、皆さんが自分の不動産を購入する前に業者による汚染対策の工事が完了し、その後、契約の前になってたくさんの汚染物質が出てきたとします。業者から「いえ、私たちは決められた調査はしましたし、その中で決められた対策もしました、むしろ少し手厚い対策をしたくらいです」と言われれば、納得するでしょうか。あとで4万３０００倍のベンゼンが出てきたとしても、それでも汚染を考慮しない価額で土地を購入するでしょうか。都の主張は、それでも汚染のない土地の値段で買っても問題ないと言っているのです。その判断が、「最少にして最大の利益」を実現するべき地方自治体の姿勢として、本当は正しいのでしょうか。

豊洲移転は不可欠だという主張

都は豊洲新市場について、１９９9年に築地市場再整備計画推進協議会において関係団体から築地市場の移転整備をするべきという意見集約がされた、だから東京都は東京ガスに築地市場の豊洲移転を打診した、

２００１年には東京都と東京ガスが具体的協議に入ることとなり、２００１年7月6日には東京ガスとの基本合意を締結し、同年12月には第7次市場整備計画でも移転を明記している、これらの事情を踏まえて移転は必要である、と主張しました。

しかし、関係団体の意思決定も、土壌汚染の実態が全く説明されない状態で集約された意見です（業界内で最多の業者を抱える水産仲卸は反対していました）。これだけの汚染実態が分かってなお、移転の根拠にする理由にはなりません。当初想定されていないはずの深刻な土壌汚染が明らかになった、それこそが、この問題の最大のポイントであり、出発点なのですから。

なお、２０１７年3月に開かれた百条委員会において、石原慎太郎元都知事は、移転先を豊洲の東京ガス工場跡地に選んだことについて、次のように説明しています。「すでに築地が限界にきていて、鈴木さんの時代から市場を移転しようというのが懸案でした。確か青島知事も受け継いで、青島知事から引き継ぎ事項の中に文言として『豊洲地域に市場を移転する』とあって、懸案事項の一つだったと思っています[8]」。

また２００７年予算特別委員会でも「この移転は私のトップダウンで決まったような発言がありましたが、これは違いまして、私の就任前、もう2年近くかけて検討されて、基本的にそういうことになったようです」と発言しています[9]。つまり、築地市場再整備計画推進協議会で意見が集約されるより前に豊洲の東京ガス工場跡地へ市場を移転させるという計画があったのです。

東京ガスから損害賠償請求を受ける？

都は、裁判の中で、平成14年合意があるから、契約を解除したり都が独自に行う土壌汚染対策費用を請求したりすると、東京ガスから損害賠償請求を受けることになる、だから購入するしかなかったのだとも言います。

しかし、何度も言うように、平成14年合意で汚染のない土地の価額での買取りなど義務付けられていません。しかも、東京ガスが土壌汚染対策を行った後、何万倍もする汚染が見つかり、土地全体の汚染が残っていると分かったのですから、契約自体を見直そうとすることが損害賠償請求に繋がるものとは考えられません。

また、本当にその点を危惧したのであれば、契約締結前にどの程度の損害賠償請求を受けるのか試算すべきです。ところが、これも行われていません。平成14年合意の存在を前面に出す都の主張は、既に破たんを来していると言わざるを得ないのです。

4　裁判での都の主張と情報開示から見えるもの

小池都知事となり当時の交渉過程が詳らかになるまで、都は、裁判の場においても、東京ガスとの交渉経過を明らかにしようとしませんでした。平成14年合意に至るまでの具体的な交渉経過を明かすように求めても、実際のやりとりが分かるような資料を開示することはありませんでしたし、2011年の購入時に東京ガスの負担する汚染対策費用が78億円となった点について交渉経過を明かすように求めても、別に78億円を東京ガスが負担したことをもって、都の市場用地購入の判断に違法性がなかったと主張しているのではない、78億円の話は法的なものとは別次元と説明し、交渉経過を明かす必要がないと言い続けたのです。

それでもなお、交渉経過を明かすよう求められると、都は「今問題になっているのは売買価額であり、土壌汚染対策費用の額ではない」「財価審で評定された価額のとおりに売買契約を締結したのだから、売買価額について交渉も何もない」というような反論を行い、頑として交渉経過の提出を避けてきました。

しかし、堂々と対等に交渉して勝ち取った金額であれば、そう主張すればよいのです。どうして、わざわざ開示の必要はないとして隠そうとするのか、ごく自然に考えれば「見られたくない何かがあるのか」、そう思わずにはいられません。結局、平成14年合意の経緯も、２０１１年売買契約時の交渉経緯も、何も分からないまま、裁判は進んでいきました。

こうした状況の中、平成14年合意によって汚染のない土地の値段で買う義務があった、ということを軸にした都の主張は限界を迎えていました。一般に、行政を訴える裁判では、裁判所は原告側に厳しい判断を下すと言われます。しかし、この事件では、裁判官も、平成14年合意により汚染のない土地の価額で購入する合意があったとみることは厳しいのではないかという心証（現時点での裁判所の認識）を開示しました。

このような状況で小池都知事が「住民訴訟の対応を見直す」と発言したのです。今後の訴訟における都の対応が変化するかどうか未だ慎重に見極める必要があります。

他方で、既に大きく変わったこともあります。それは、都の情報開示に関する姿勢です。従前非開示とされていた情報も積極的に開示されるようになり、都が東京ガスと交わしていた生々しいやりとりが明らかになってゆきました。こうした資料についても、改めて検証する必要があります。

さらに問題を追及する中で百条委員会が設置され、石原元都知事及び関係者に対する尋問も行われました。しかし、都側関係者も東京ガス側関係者も、誰も「平成14年合意があったから購入することは仕方がなかった」とは言わなかったのです。これは、平成14年合意によっては、汚染のない土地の価額で買うということが都と東京ガスとの間で共通認識になってはいないことを示していました。

ここまでくると一体、都がこの裁判で主張してきたことの中で、何が真実で何が真実ではないのか、都が訴訟でしてきた主張が実際の都の認識と合致しているのか、していないのか、ますます混迷を深めてきました。いずれにせよ、住民の請求の正当性について議論されるためには、まずもって石原都知事による説明は不可欠です。

小池都知事が就任する直前、裁判では、既に誰を証人として法廷に呼ぶのかということについて議論されていました。

住民側は、平成14年合意及び2011年の売買契約の実務担当者に加えて、石原元都知事を尋問することを求めました。これに対して都は、2016年3月の時点では、石原慎太郎氏の尋問は不要と反論しました。その理由は「知事は各局から所管事業について報告を受ける立場であり、合意に向けた交渉や調整に主体的に係るものではなく、個々の内容について明確な証言をすることができない」から、とのことでした。しかし当時、移転の決断をしたとして知事記者会見を行ったのは石原元都知事自身です。しかも、この交渉は知事本局が担ってきたのです。知事本局は、石原元都知事が設置した組織で、後任の舛添元都知事により解体されるまで都庁の中心とされてきました。知事本局について、舛添元都知事は、次のように言ってはばかりませんでした。「私が一番接する機会が多いのが知事本局なわけですよ、当たり前のことですけど、私を支える部隊ですから」[10]。その知事本局が都知事の意向の分からぬままに動くということは考え難いところです。ですから都側の説明をそのまま聞き入れることはできません。

やはり、石原慎太郎元都知事に直接聞かねばならないことが多くあるのです。

今後、この住民訴訟において都がどのような対応をするのかは未だ分かりません。たとえ都がどのような姿勢をとるとしても、この訴訟ではあの土地を578億円で購入したことが正当化される余地はない、私たちはそう確信しています。

5 裁判所と築地移転問題

これまで、2011年に購入した豊洲新市場移転予定地の購入に関する住民訴訟を取り上げてきましたが、築地市場移転問題に関する裁判は、2009年8月に起こした、豊洲新市場予定地のコアサンプル廃棄差止め訴訟から始まりました。

この訴訟は、豊洲新市場予定地の汚染状況や地層状況を調査したボーリングコアサンプルを、都が早々に廃棄しようとしたため、再検証のために廃棄しないよう求めた訴訟でした。日本環境学会の保存申し入れにもかかわらず、都は聞く耳を持たずに廃棄を強行しようとしたのです。当時、都がこのボーリングコアサンプルから図面（柱状図）を作成していましたが、内容に不自然な点や矛盾点があり、不正確である危険性が極めて高かったのです。もしもこの時、廃棄が差し止められていれば、今に至るずさんな土壌汚染対策を抑止することができたかもしれません。市場関係者も、日本環境学会も、生の土壌データが重要だと訴え続けましたが、ついに司法がその訴えを聞き入れることはありませんでした。

また住民は、都が２００６年に購入した市場用地部分についても、「汚染のない土地の価額で購入したことはおかしい」と住民訴訟を提起していました。ところが、住民訴訟の前提となる住民監査請求は、売買の時から１年以内、その後は「汚染のない土地の価額で購入した」と知ることができた時から相当な期間内に提起しなければ、「中立てが遅すぎる」という理由で門前払いされてしまいます。

２００６年の用地購入に関して住民監査請求を行ったのは、朝日新聞が「都が東京ガスに土壌汚染対策を求める根拠が存在しない」とスクープした後のことでした。このスクープによって、売買契約にあたり、都が汚染除去費用全額を負担せざるを得ない前提で土地を買い受けることが報道され、公になったのです。ところが、裁判所は、そのスクープを見てから住民監査請求をしたのでは遅すぎる、それより前に都議会での都の答弁を見て気づくべきだったとして、住民の請求を門前払いした都の判断は間違っていなかったと、都の判断を追認して、やはり門前払いしました。一般の都民に対して、新聞記者と同じほど、あるいはそれ以上の注意をもって調査をし続けなければならないとしたのは、あまりにも厳しい監視義務を住民に課していると言わざるを得ません。

残念ながら、都知事が変わってこの築地市場移転問題が顕在化するまで、都はもちろん、司法すらも、この問題を必死に訴える都民や市場関係者の人々の声を真摯に受け止めることはありませんでした。この問題が顕在化する10年以上前から、土壌汚染を案じてきた都民や市場の人々は、この問題の深刻さを都に訴え続けてきました。これまで声を上げ続けてきた人たちを支えてきたのは、都民としての責任感であり、食の安全と安心を守るのは自分たちだという責任感でした。そうした思いに、司法はどれだけ向き合ってきたのでしょうか。

最後に、コアサンプル廃棄差止め訴訟の原告である水産仲卸関係者の言葉の一部を引用したいと思います。

「私達は、反対運動だって、デモだって人生で一度も経験したことない者たちばかりです。魚屋として、ずっと築地で生きてきた、それだけです。そういう私たちが、なぜ訴訟をしないといけないのか、考えていただきたい。自分達のためだけであれば、ここまでする必要はありません。でも、築地の魚や野菜を食べる都民や未来ある子どもたちのこと、そして市場で働く若者たちのことを考えれば、この問題を見過ごすことはできないのです。

東京都は、有害物質が原因で病気になっても、別に何も思わない。このような場所に中央卸売市場を政策した人達は、もう現存していないかもしれない。でも、次の世代の人はどうなるか。体にいいと思って、子どもにせっせと魚や野菜を食べさせるお母さんと、それを食べる小さな子どもはどうなるのか。市場で働こうと思っている若い人たち、その子どもたちはどうなるのか。移転して、汚染された食べ物を食べて、苦しむのは、一般の市民であり、未来を担う今の子ども達です。そうして何かが起きたとき、移転に賛成している人も、反対している人も、責任を取れないんです。皆、寿命で死んでいるかもしれない。でも、もしも健康被害が出たら、もしも新聞で『豊洲市場食品汚染事故』が報道されるようなことが起こったら、今の原発事故のように『こんなはずではなかった』と、『想定外』の一言で簡単に済まされたとしたら、私は死んでも死にきれません」

この築地市場移転問題は一体誰の問題であるのか、そのことを決して忘れてはならないのです。

注

1 都は順次土地を購入しており、今回問題にしている契約で購入したのが市場用地全体の約28％だったため、対策費用も28％分で算出しました。

2 東京都議会平成18年3月17日経済・港湾委員会速記録第三号より（東京都議会サイト http://www.gikai.metro.tokyo.jp/record/economic-port-and-harbor/2006-03.html）

3 東京都議会平成18年12月12日経済・港湾委員会速記録第十六号より（東京都議会サイト http://www.gikai.metro.tokyo.jp/record/economic-port-and-harbor/2006-16.html）

4 平成19年10月6日「豊洲新市場予定地における土壌汚染対策等に関する専門家会議」第4回会議議事録より（東京都中央卸売市場サイト http://www.shijou.metro.tokyo.jp/toyosu/pdf/pdf/senmonkakaigi/04/1006gijiroku.pdf）

5 技術会議作成「豊洲新市場予定地の土壌汚染対策工事に関する技術会議報告書」25頁（東京都中央卸売市場サイト http://www.shijou.metro.tokyo.jp/toyosu/pdf/pdf/gijutsu/houkoku/houkokusho.pdf）

6 ２０１６年11月18日付「しんぶん赤旗」記事より（日本共産党サイト http://www.jcp.or.jp/akahata/aik16/2016-11-08/2016110814_01_1.html）

7 太田秀夫編「汚染リスク不動産取引の法務・会計・税務」（２０１２年、中央経済社）２０３〜２０４頁

8 東京都議会 豊洲市場移転問題に関する調査特別委員会（平成29年3月20日）証人喚問録画映像（http://www.gikai.metro.tokyo.jp/live/video/170320.html）

9 東京都議会平成19年2月26日予算特別委員会速記録第四号より（東京都議会サイト https://www.gikai.metro.tokyo.jp/record/budget/2007/4-02.html）

10 舛添前知事「知事の部屋」平成26年5月23日定例記者会見（東京都サイト http://www.metro.tokyo.jp/GOVERNOR/ARC/20160621/KAIKEN/TEXT/2014/140523.htm）

コラム5　築地ブランドを守る道

2017年4月8日のPTによる説明会では、豊洲に移転せず築地市場を再整備（改修）する場合、工期7年、工事費734億円で再整備可能との案が報告されました。築地再整備は不可能と言われていましたが、なぜ可能という案が出たのでしょうか（図1）。

完成予想図は100ページに掲載したとおりです。豊洲新市場とは異なり、道路による分断もなく、これまでどおり、「魚を買うついでに、刺身のツマも買っていく」という買出し人の需要に沿った物流も可能となる点は大きく評価できます。

とはいえ、東京都はすでに豊洲市場移転のために5884億円を支出しています。豊洲の建物はできているのだから、5884億円もかけたのだから、豊洲市場に移転した方がよいのではないかという声が出ることは当然のことでしょう。

PTの説明会においては、豊洲移転案と築地改修案の費用の比較もされています（図2）。

築地再整備にしても豊洲移転にしても、既に支出した5884億円に加え、使用しない方の建物解体費、使用しない方の土地の売却益が収支に合計されます。ここまでは豊洲移転案でも築地改修案でもそれほど大きな差はありません。築地改修案では、これに加えて再整備費用がかかるため、初期投資は豊洲移転案よりもかさむと考えられます。

しかし、豊洲移転の場合は毎年150億円近い赤字があるのに対し、築地改修の場合は毎年20億円ほどの赤字で済むと試算されており、8年後には逆転し、その後は差が拡大していくとのことです。結局、既に豊洲新市場の建物が完成していることを踏まえても、豊洲移転の方が、費用がかさむということです。

この試算には、今後かかるかもしれない汚染対策費用が考慮されていません。豊洲新市場については、小池都知事の就任後、地下水モニタリングで環境基準を大幅に上回る汚染が見つかっていること、盛り土が行われていなかったことなど、東京都がこれまで想定していた状況とは変わっていますので、さらなる汚染対策費用が必要になります。一方、築地市場の汚染は、都が調査中です

図1

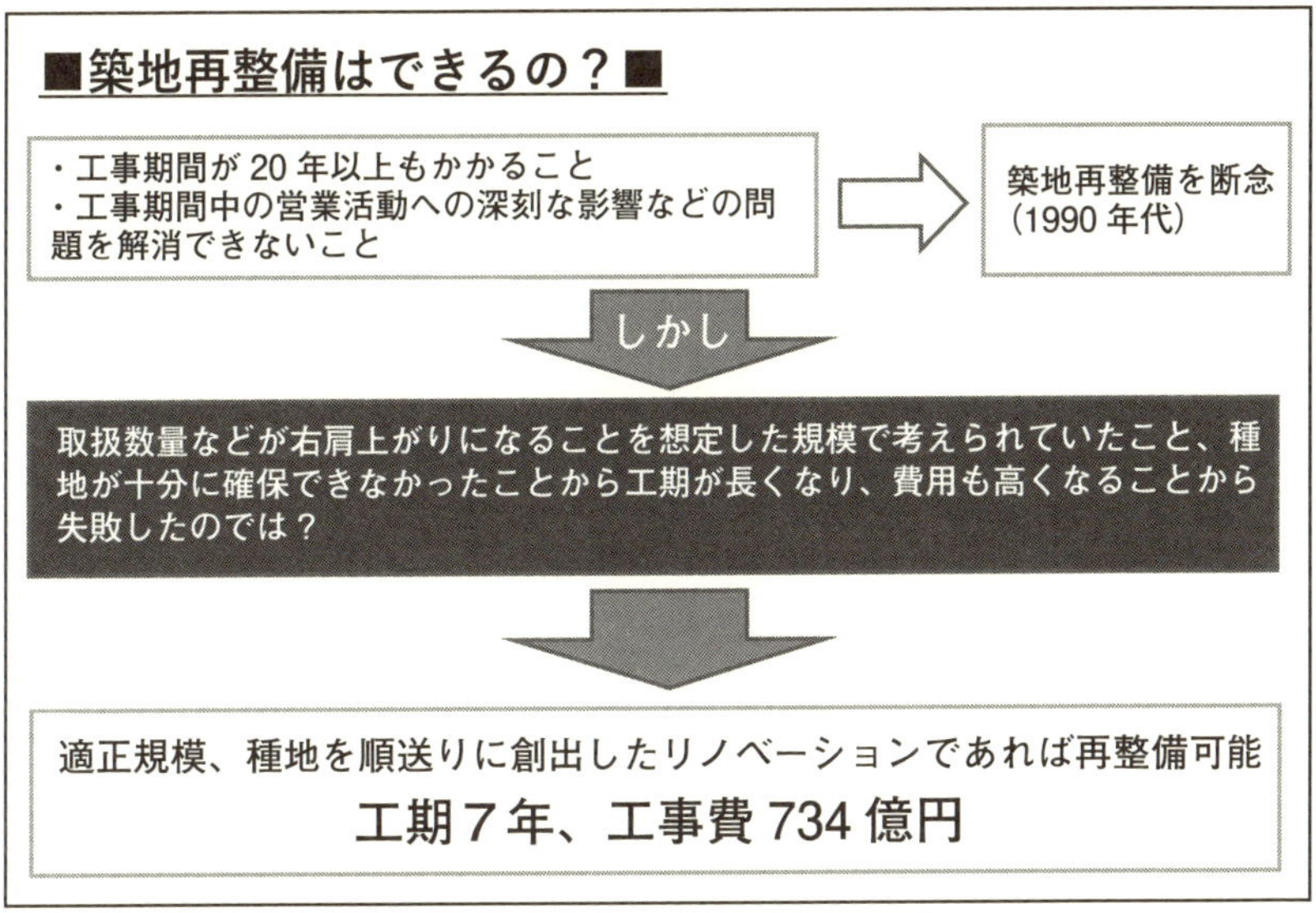
■築地再整備はできるの？■
・工事期間が 20 年以上もかかること
・工事期間中の営業活動への深刻な影響などの問題を解消できないこと
築地再整備を断念
(1990 年代)
しかし
取扱数量などが右肩上がりになることを想定した規模で考えられていたこと、種地が十分に確保できなかったことから工期が長くなり、費用も高くなることから失敗したのでは？
適正規模、種地を順送りに創出したリノベーションであれば再整備可能
工期 7 年、工事費 734 億円

図2 （東京都専門委員による説明と意見交換 PT 築地改修案資料）

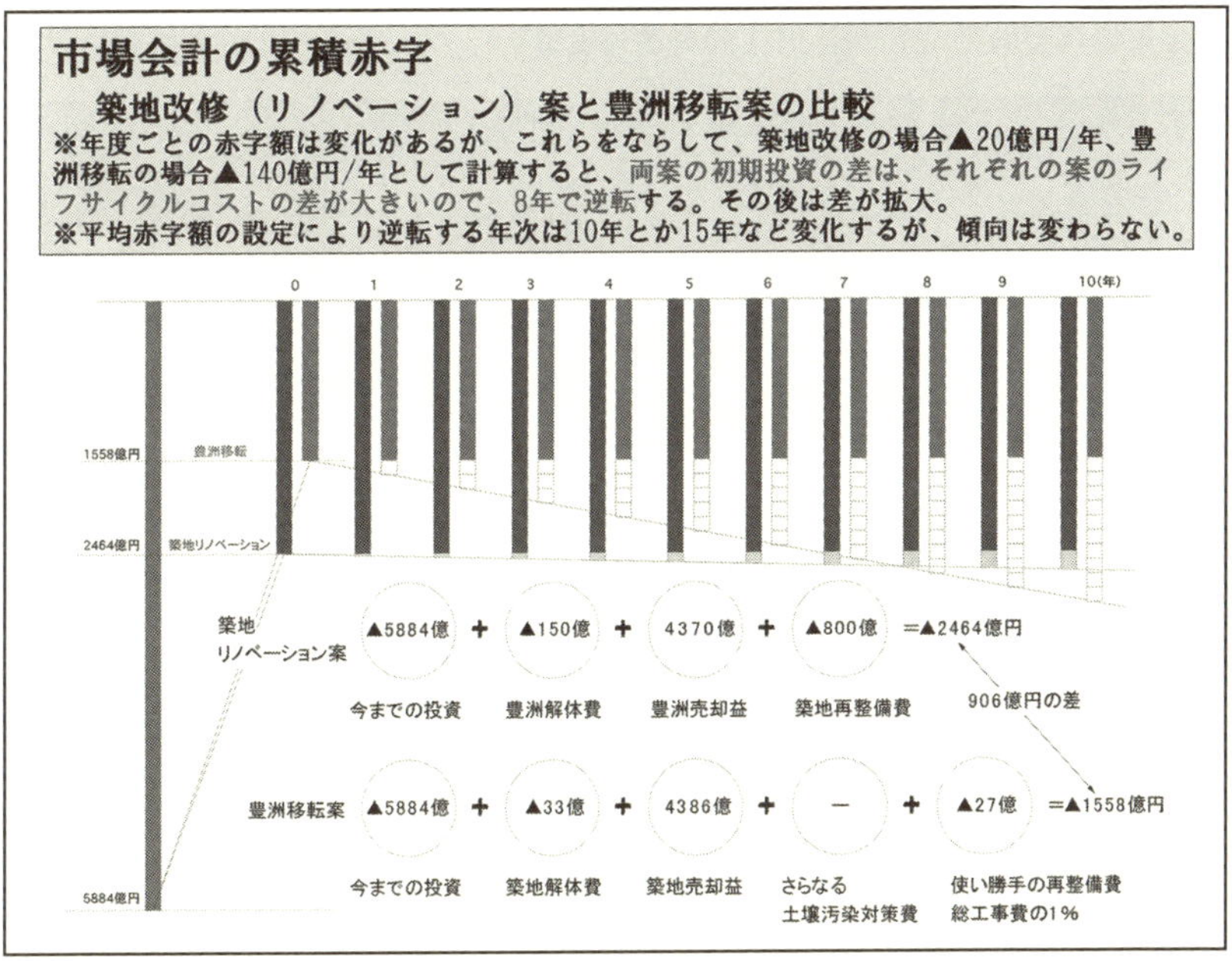
市場会計の累積赤字
築地改修（リノベーション）案と豊洲移転案の比較
※年度ごとの赤字額は変化があるが、これらをならして、築地改修の場合▲20億円/年、豊洲移転の場合▲140億円/年として計算すると、両案の初期投資の差は、それぞれの案のライフサイクルコストの差が大きいので、8年で逆転する。その後は差が拡大。
※平均赤字額の設定により逆転する年次は10年とか15年など変化するが、傾向は変わらない。
0
1
2
3
4
5
6
7
8
9
10(年)
1558億円
豊洲移転
2464億円
築地リノベーション
5884億円
築地
リノベーション案
▲5884億
＋
▲150億
＋
4370億
＋
▲800億
=▲2464億円
今までの投資
豊洲解体費
豊洲売却益
築地再整備費
906億円の差
豊洲移転案
▲5884億
＋
▲33億
＋
4386億
＋
－
＋
▲27億
=▲1558億円
今までの投資
築地解体費
築地売却益
さらなる
土壌汚染対策費
使い勝手の再整備費
総工事費の1%

が、築地の地歴から考えると、高濃度の汚染が全体に広がっている可能性は低いと思われます。そうすると、今後生じ得る汚染対策費用を考慮しても、豊洲移転の方がより費用がかかることが想定されます。

かつて石原元都知事は、「築地は古い、狭い、危ない」と述べて豊洲移転を決断しました。「古い、狭い、危ない」という問題は、築地市場の再整備により施設を更新・機能向上し、より効率的な流通設備に改修すれば解決できますが、これまで「築地市場の再整備は不可能」という前提で、移転ありきの議論がなされてきました。

しかし、築地再整備（改修）が可能であるならば状況は全く異なります。財政面でも築地改修が勝る、物流の面でも築地市場が勝るのであれば、自ずと「築地ブランド」を守っていく道が選択されるはずです。

どちらの道を選択するのかという問題は、決して小池都知事が一人で決められることではありませんし、ましてや政治家の駆け引きで決めてよい問題ではありません。

どちらの道が市場関係者、東京都民にとって選ぶべき道なのか、もう一度皆さん一人ひとりに考えてほしいと思います。

築地市場再整備完成予想図（PT 築地改修案資料）

さいごに

大城　聡

豊洲新市場の主要施設下に土壌汚染対策の盛り土がなく、地下空間になっていたことがわかりました。その際に問題となったのは、「いつ、だれが、どのように決めたのか」が分からないということでした。ブラックボックスと化した都政の闇が問題となりました。

実は、盛り土問題だけではなく、豊洲移転そのものがブラックボックスの中で決められてきました。百条委員会での石原元都知事と都庁幹部の証人喚問でも、「いつ、だれが、どのようにして、汚染が深刻なガス工場跡地に築地市場を移転すると決めたのか」という肝心のことは謎のままでした。

「地方自治は民主主義の学校」という言葉ありますが、現実には地方自治から「民主主義の危機」が始まっているのではないでしょうか。豊洲移転も、本来であれば、住民が選んだリーダーである都知事が民意を反映した決定をし、都議会がそれをチェックすべきでした。しかし、石原元都知事の決定は民意を反映したものとは言えず、都議会も適切なチェックを怠りました。日本の食文化を担う拠点であり、世界に誇るブランドである築地市場がなぜ汚染地に移転しようとしていたのか、その理由や事実関係を私たちが十分に知ることができないまま事態が進んできたのです。

食の安全・安心は、私たちの生活に密着した身近な問題です。そのような問題でも、私たちは、なぜ移転しなければならないのか、真実を知らされていなかったのです。私たちが考え、意見を言うためには、まず知ることが必要です。有権者に真実を知らせずに、重要なことを政治家が決定してしまう。これはまさに民主主義の危機です。豊洲移転は、民主主義の危機の中で生み出された問題なのです。

知事や議員という政治家に任せるだけでは、この危機を乗り越えることはできません。地方自治には、車の両輪のように、選挙で政治家を選ぶという側面と住民が直接行動する側面があります。選挙で知事や議員を選ぶだけではなく、住民が直接行動することも必要なのです。石原元都知事の責任を問う住民訴訟もその一つなのです。

この住民訴訟は、ブラックボックスの中で何が行われたかを明らかにする意義があります。なぜ、高濃度の汚染地を、汚染を考慮しない高い価格で買い取ったのか。いつ、だれが、どのようにして決めたのか。この背景には、なぜ汚染地に築地市場を移転しなければならないのかという根本的な問題があります。原告となった築地市場で働く人たち、都民の人たち、代理人の弁護士たちは、石原元都知事に対する損害賠償責任の追及だけに止まらず、築地市場を守りたい、ブラックボックスの中で物事を決める都政を変えたいと心から願って行動しているのです。

私たちは、移転延期の先をどうするかも考えなければなりません。約860億円かけた汚染対策をしても高濃度の汚染が残っている状況では、豊洲新市場が食の安全性が確保され、信頼された市場になることは難しく、移転に関して市場関係者や消費者の理解を得ることは極めて困難です。豊洲移転には高いハードルがあります。

一方、老朽化した築地市場を使用し続けることができるかという点も検討しなければなりません。かつて頓挫した築地市場の再整備案は総工費約3400億円、工期約20年という大規模再開発の色彩がありました。一方、市場問題プロジェクトチームの小島座長が示した築地市場改修案（総工費約734億円、工期約7年）は最低限の改修を提案する現実的なものです。築地市場の耐震、衛生面の問題を補修改修で解決して、世界に誇る築地のブランド力、日本の食文化を育んできた役割を守ることは可能です。

一方、豊洲新市場は約860億円かけて対策を実施しても汚染が残るガス工場跡地です。維持管理コストが築地の約5倍となる問題や物流施設としての使い勝手の問題も指摘されています。これらの事実と真摯に向き合えば、豊洲移転を白紙撤回することが、市場関係者にも消費者にも都民にとっても良い選択だと私は強く信じています。

もっとも、約6000億円を投じてきた豊洲移転を白紙撤回することは簡単ではありません。この問題を解決するためには、①徹底した情報公開、②市場関係者との誠実な話し合い、③透明性の高い意思決定の3つが不可欠です。

①徹底した情報公開については、小池都知事就任以来、大きく進展し、これまで表に出てこなかった移転経緯がわかるようになりました。また、石原元都知事の責任を問う住民訴訟は、徹底した情報公開の一端を担う役割もあると考えています。

②市場関係者との誠実な話し合いなくして、この問題の解決はできません。必ずしも業界団体が市場関係者の意向を十分に反映していないことも明らかになっています。築地市場で働く人たちの生の声に耳を傾けなければなりません。

③最後に大切なのが透明性の高い意思決定です。小池都知事の早期決断を迫る論調も見られます。しかし、私は、透明性の高い意思決定の方法として、移転の賛否を問う住民投票を行い、都民が自ら責任を持って意思表示するのが良いと考えています。その意思表示を尊重して、都知事が移転するか否かを決めるのです。政治家に任せるだけではなく、住民投票によって一人ひとりが直接意思表示するのです。選挙で政治家を選ぶだけではなく、住民が直接行動すること。この地方自治の両輪が動いてこそ、私たちは「民主主義の危機」を乗り越えて、本当の意味での「民主主義の学校」を築くことができるのです。

石原元都知事の責任を問う住民訴訟も、築地市場の豊洲移転の是非も、民主主義の危機をいかに克服するかという課題を私たちに突きつけています。住民訴訟に関わる原告と弁護士による本書が、築地市場を守ること、日本の食文化を守ることの一助となり、「民主主義の学校」を築くことに少しでも役立てるならば、大変うれしく想います。本書を読まれた皆さんには、引き続きこの問題に関心をもっていただき、そして、なにより築地市場で働く人たちに心を寄せていただけますよう心よりお願い申し上げます。

検証・築地移転
――汚染地でいいのか

築地移転を検証する会　編

定価（本体 800 円＋税）

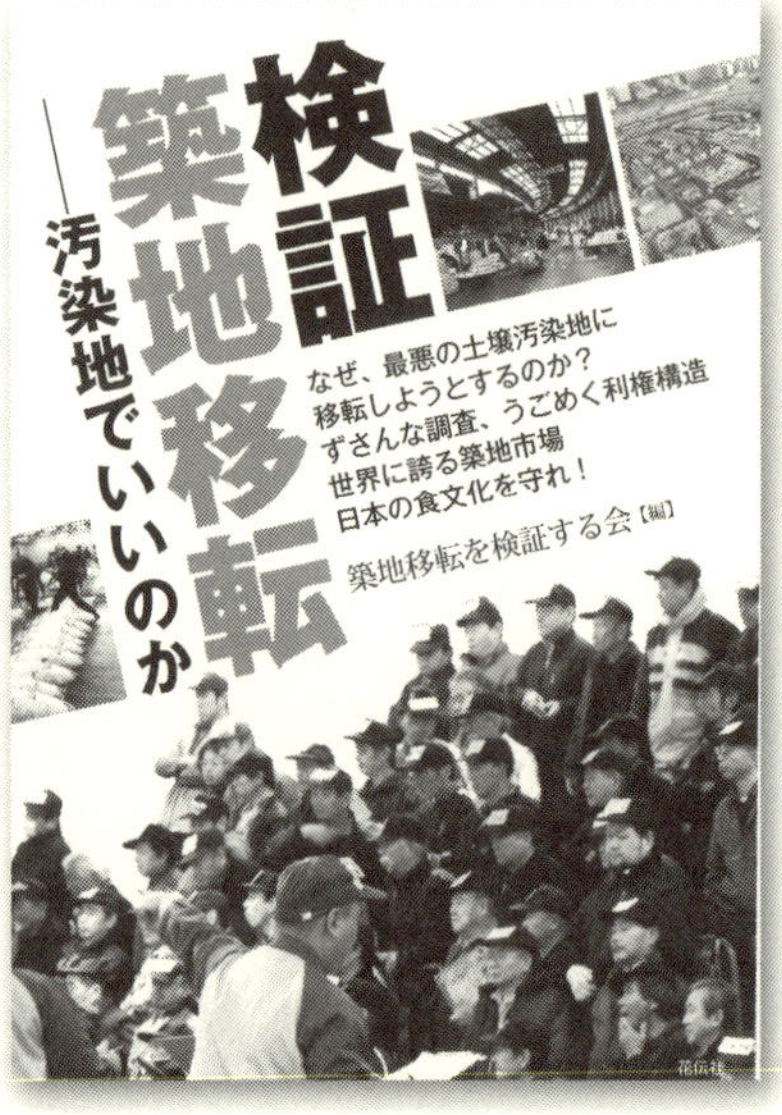

世界に誇る築地市場、日本の食文化を守れ！
なぜ、最悪の土壌汚染地に移転しようとするのか？
ずさんな調査、うごめく利権構造。
築地移転問題を先駆的に告発。

梓澤和幸（あずさわ・かずゆき）
1971年弁護士登録。築地市場移転問題弁護団代表。東京千代田法律事務所。東京弁護士会人権擁護委員長、国分寺市人権擁護委員などを歴任。現在、山梨学院大学法科大学院特任教授。日本ペンクラブ理事・平和委員会委員長。神田駅高架化差止め事件弁護団代表。

大城 聡（おおしろ・さとる）
2008年弁護士登録。築地市場移転問題弁護団事務局長。東京千代田法律事務所。一般社団法人裁判員ネット代表理事、福島の子どもたちを守る法律家ネットワーク（SAFLAN）事務局長を務めるなど公益活動を積極的に行う。山梨学院大学法科大学院、昭和薬科大学で憲法・行政法の講義、ゼミを担当。

水谷和子（みずのや・かずこ）
一級建築士。コアサンプル廃棄差止め訴訟・公金返還請求住民訴訟原告。2008年より築地市場移転問題に関わる。著書『築地移転の闇をひらく』（共著、大月書店）、『築地市場の豊洲移転？』（共著、本の泉社）。

本田麻奈弥（ほんだ・まなみ）
弁護士。いずみ橋法律事務所。築地市場移転問題弁護団。

斎藤悠貴（さいとう・ゆうき）
弁護士。東京千代田法律事務所。築地市場移転問題弁護団。

熊澤美帆（くまざわ・みほ）
弁護士。東京千代田法律事務所。築地市場移転問題弁護団。

築地移転の謎　なぜ汚染地なのか——石原慎太郎元都知事の責任を問う

2017年5月31日　初版第1刷発行

編著者 —— 梓澤和幸、大城 聡、水谷和子
発行者 —— 平田　勝
発行 ——— 花伝社
発売 ——— 共栄書房
〒101-0065　東京都千代田区西神田2-5-11出版輸送ビル2F
電話　　03-3263-3813
FAX　　03-3239-8272
E-mail　　kadensha@muf.biglobe.ne.jp
URL　　http://kadensha.net
振替 ——— 00140-6-59661
装幀 ——— 佐々木正見
印刷・製本— 中央精版印刷株式会社

ISBN 978-4-7634-0816-7 C0036

乙第　／　号証

豊洲地区開発整備に係る合意

東京都と民間地権者（東京ガス株式会社、東京ガス豊洲開発株式会社、東京電力株式会社、東京鉄鋼埠頭株式会社）は、豊洲地区の開発を着実に推進していくため、次のとおり合意する。

1　合意の位置づけ

築地市場の豊洲移転や広域幹線道路・区画道路等の整備を内容とする土地区画整理事業及び防潮護岸整備事業等を行うにあたり、東京都と民間地権者は相互に以下の項目を確認する。

2　基本的事項

(1) 全体の予定

土地区画整理事業は平成 18 年度末、東京臨海新交通「ゆりかもめ」の有明駅から豊洲駅までの延伸及び防潮護岸整備事業は平成 17 年度末を目途として着実に整備する。

(2) 土地区画整理事業

東京都は本書で合意された「概略換地図」（別紙１）、「概略の事業費」（別紙２）などに基づき、現行事業計画の変更を行い、土地区画整理事業を着実に推進する。

3　土地利用

(1) 開発フレーム

豊洲地区の開発フレームは以下の表のとおりとする。

居住人口	13,000 人程度
就業人口	44,000 人程度

(2) 土地利用計画

土地利用計画については、「土地利用計画」（別紙３）のとおりとする。

4　土地区画整理事業

(1) 土地区画整理事業の推進

土地区画整理事業の範囲は、東京都市計画臨海部開発土地区画整理事業〈平成５年７月 19 日告示〉のうち、豊洲土地区画整理事業〈平成９年 11 月 17 日事業計画決定〉の範囲とし、東京都は施行者として、区画

1

道路等の整備も含め、着実に事業を推進する。

(2) 換地設計

換地設計は、「概略換地図」(別紙1)を基本として進める。

(3) 事業費

「概略の事業費」(別紙2)を基本とし、上下水道企業者等負担金を含めて、今後定める。

5　開発者負担

(1) 豊洲地区の開発者負担

東京臨海部の広域幹線道路等の整備に係る豊洲地区の開発者負担額については、4島(豊洲、晴海、有明北及び臨海副都心)の開発者負担額の合計[redacted]円のうち[redacted]円相当とする。

このうち、土地区画整理事業区域内の地権者は、公共・保留地減歩([redacted]円相当)として土地で負担する。

(2) 変更が生じた場合の協議の約束

今後、広域幹線道路・防潮護岸等の整備、有明北地区及び晴海地区との負担の公平性など、開発者負担に関わる基本的事項に変更が生じた場合は、東京都と民間地権者は開発者負担に関する対応策を協議する。

6　防潮護岸の整備

防潮護岸は、平成17年度末を目途に着実に整備する。

7　新市場の整備

(1) 新市場の配置

新市場は、第6街区の先端部を除く、第5、第6及び第7街区に配置する。

(2) 地域環境への配慮

新市場の施設計画の策定にあたっては、民間地権者をはじめ、関係者の意見を聴き、環境やまちづくりに配慮した施設計画とする。

(3) 移転に係る協議・調整

新市場の移転について、関係区及び市場業界との協議・調整は東京都が責任を持って行う。

8　まちづくりに関する協力

東京都と民間地権者は、豊洲地区の開発に関して、「豊洲・晴海開発整備計画－改定－」(平成9年4月)の再改定を踏まえ、相互に協力し、開

発環境の変化に適切に対応した適正かつ合理的な取り組みを行っていく。

9　その他

(1) 汚染土壌対策

豊洲地区内の汚染土壌対策については、「都民の健康と安全を確保する環境に関する条例(環境確保条例)」に基づき対応を行う。

(2) まちづくりガイドラインの策定

まちづくりガイドラインは、豊洲地区開発協議会で検討し、必要に応じて、地権者が主体となって作成するものとする。

(3) 疑義が生じた場合等の対応

本合意を実施するに当たり疑義が生じた場合、または社会経済状況等の大幅な変化により本合意内容を見直す必要が生じた場合、東京都と民間地権者の双方は、お互い誠意を持って協議する。

この合意の証として本書を９通作成し、東京都港湾局長、東京都知事本部長、東京都都市計画局長、東京都建設局長、東京都中央卸売市場長、東京ガス株式会社取締役社長、東京ガス豊洲開発株式会社取締役社長、東京電力株式会社取締役社長及び東京鉄鋼埠頭株式会社取締役社長は、それぞれ記名押印の上、各自１通を保有する。

平成 14 年 7 月 31 日

東京都港湾局長　　高　橋　信　行

東京都知事本部長　　前　川　燿　男

東京都都市計画局長　　勝　田　三　良

東京都建設局長　　小　峰　良　介

東京都中央卸売市場長　　碇　山　幸　夫

東京ガス株式会社取締役社長　　上　原　英　[redacted]

東京ガス豊洲開発株式会社取締役社長　　江　口　[redacted]

東京[redacted]社長　　南　　直　[redacted]

東京鉄鋼埠頭株式会社取締役社長　　内　山　久　[redacted]

4

(別紙1)

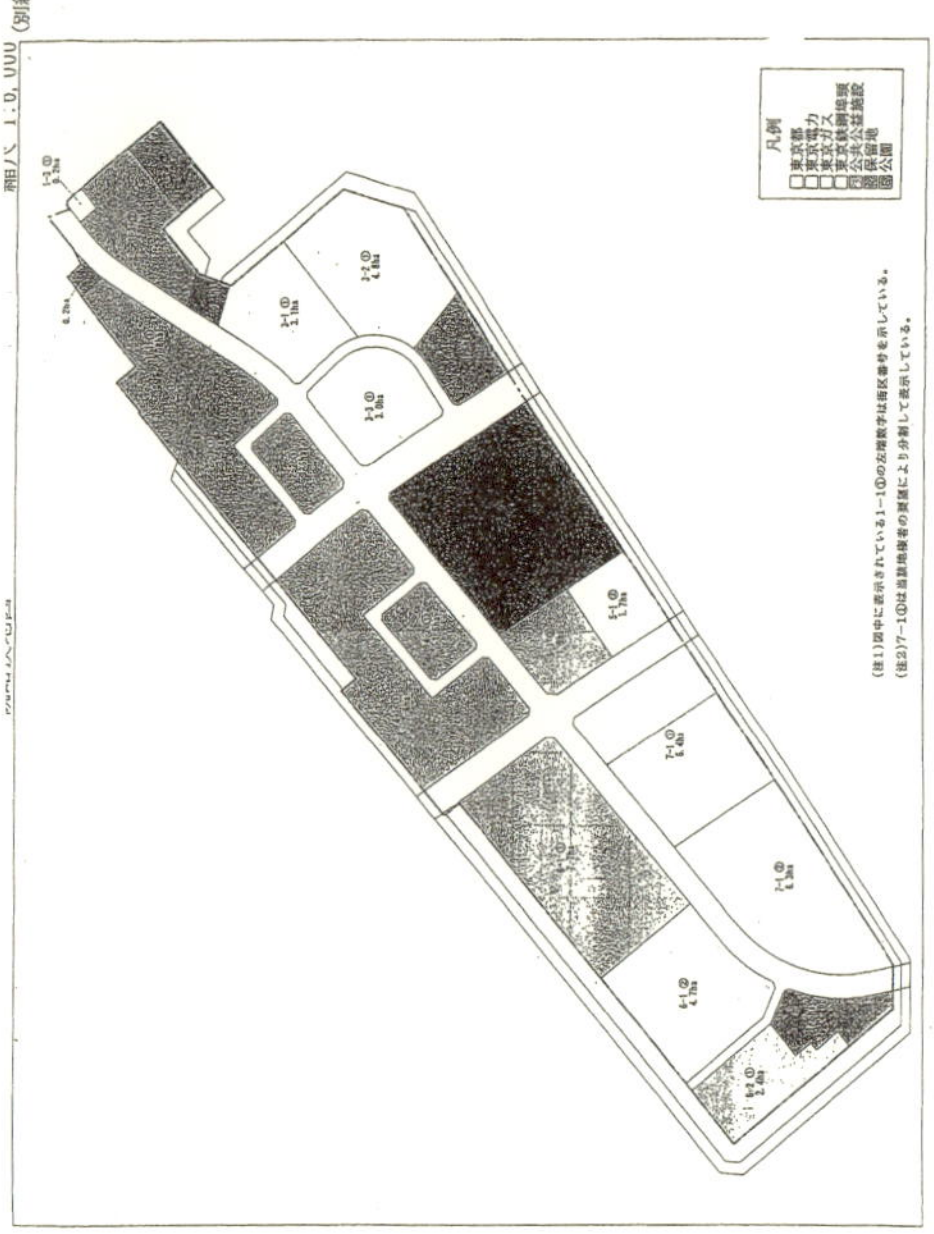

(別紙1) (2)

施行後の画地価額推計値

画地番号	価額(億円)	画地番号	価額(億円)
①	[redacted]	[illegible]	[redacted]
①	[redacted]	5−1−②	[redacted]
−①	[redacted]	5−1−③	[redacted]
②	[redacted]	[illegible]	[redacted]
③	[redacted]	6−1−②	[redacted]
[illegible]	[redacted]	[illegible]	[redacted]
[illegible]	[redacted]	7−1−①	[redacted]
−①	[redacted]	7−1−②	[redacted]
−①	[redacted]		
−①	[redacted]		
[illegible]	[redacted]		
①	[redacted]		

施行前・後の地積と価額推計値、減歩率

地権者名	施行前		施行後		差額([redacted]円)	減歩率
	地積(ha)	価額([redacted]円)	地積(ha)	価額([redacted]円)		(%)
[illegible]	49.7	[redacted]	31.8	[redacted]	[redacted]	36.0
電力株式会社	15.0	[redacted]	11.1	[redacted]	[redacted]	26.4
埠頭株式会社	8.5	[redacted]	6.4	[redacted]	[redacted]	25.4
[illegible]	14.4	[redacted]	12.7	[redacted]	[redacted]	11.7

価額推計値は参考値であり、地価の動向、評価方法等により変動する。

後の地積及び減歩率は1−3−③を除いている。

(別紙3)

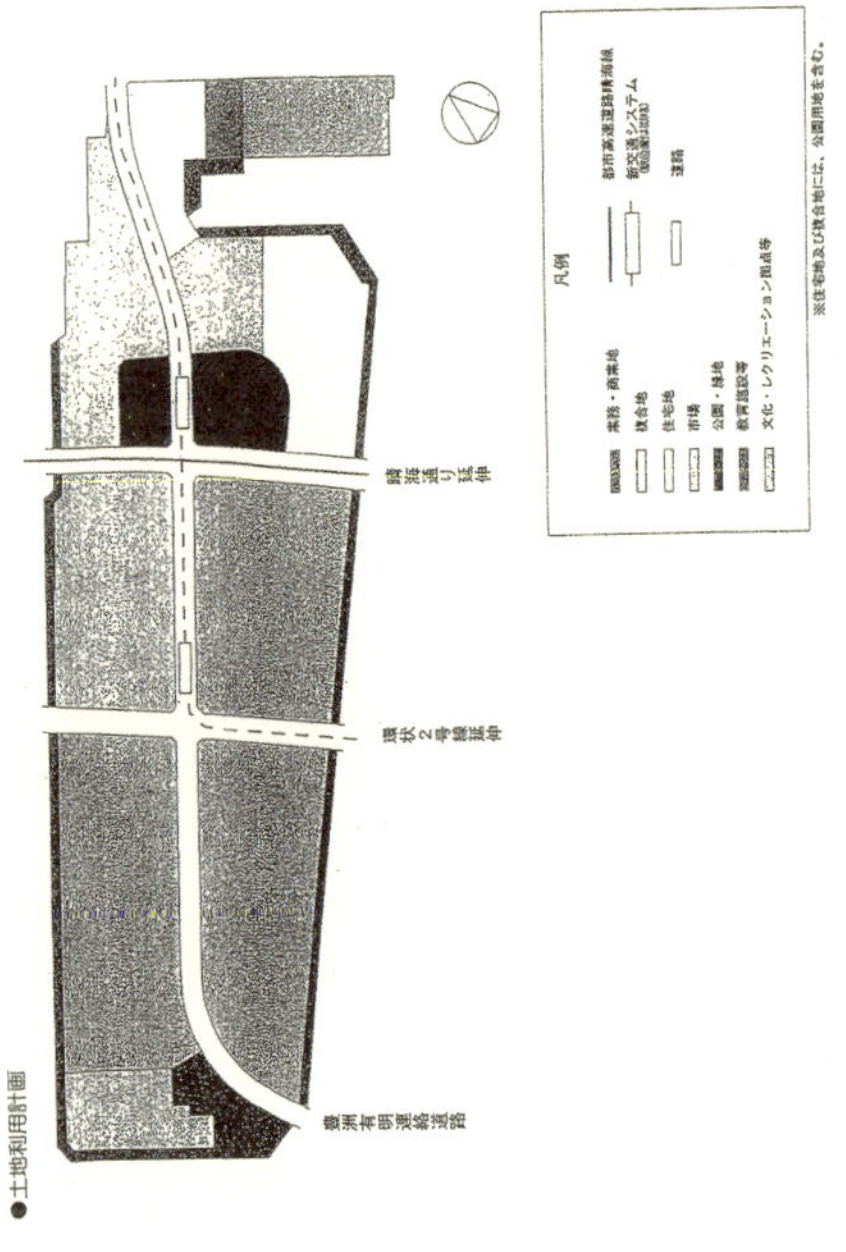

(別紙2)

概略の事業費

(単位:億円)

事項				事業費
公共施設整備費	築造	道路築造費	幹線道路	87
公共施設整備費	築造	道路築造費	区画道路	4
公共施設整備費	築造	道路築造費	C.C.BOX	28
公共施設整備費	築造	公園施設費		9
公共施設整備費	移転	建物移転費		20
公共施設整備費	移設	供給処理施設		43
法第二条第2項該当事業費		上水道		62
法第二条第2項該当事業費		下水道		33
整地費				107
付帯工事費				92
調査設計・事務費等				28
借入金利子				38
事業費総額				551

(注) 本表は保留地処分金において賄う事業費である。

乙第　2　号証

「豊洲地区開発整備に係る合意」に当たっての確認

「豊洲地区開発整備に係る合意」の内容の細部に関して、次のとおり確認する。

1　土地利用

(1) 用途地域の変更

仮換地指定後に再開発地区整備計画を策定のうえ、臨港地区を設定しない区域は原則として用途地域を変更する方向で調整する。

(2) 臨港地区の指定解除等

臨港地区の扱いについては、次により対応する。

①　第６街区先端部宅地

臨港地区（無分区）を解除する方向で調整する。

②　旧開削水路部分

臨港地区（無分区）を解除する方向で調整する。

(3) 容積率の配分

再開発地区整備計画を策定した場合、再開発地区運用基準に基づき、基盤の整備や公共貢献に応じて、見直し相当容積率（「土地利用計画図」（別紙１））に加え、適切な容積率（「土地利用計画図」（別紙２））を設定する。

2　土地区画整理事業

(1) 公共公益施設の用地

公共公益施設の位置等については、「土地利用計画図」（別紙２）のとおりとする。

公園用地については、公共減歩で捻出し、公益施設用地については、保留地を除く換地で捻出する。

(2) 補助 315 号線高架化

環状２号線以西の補助 315 号線については、第６及び第７街区の市場の一体的利用を確保するため高架構造に変更する。

なお、補助 315 号線の高架化に伴う整備費の増加分は東京都負担とする。

(3) スケジュール調整

土地区画整理事業と各事業のスケジュールは、「事業スケジュール」（別紙３）のとおりとし、着実に進捗するよう関係者間で協力し調整す

1

る。

3　再開発地区計画

「豊洲・晴海開発整備計画－改定－」（平成９年４月）の再改定を踏まえ、再開発地区計画方針を都市計画変更する方向で調整する。

4　防潮護岸の整備

(1) 水底管移設

工事時期、工程等について、別途協議を行う。

(2) 防潮護岸工事

工事時期、工程等について、地権者と協議を行い、調整を図る。

(3) 第１街区の陸上防潮堤整備

第１街区の陸上防潮堤は、土地区画整理事業の中で整備を行う。

(4) 護岸緑地の整備

護岸緑地の整備に当たっては、地権者と協議を行う。

(5) 市場用バース等の設置

市場用バース等の設置に当たっては、第６街区先端部での土地利用や護岸の回遊性の確保等に配慮を行う。

(6) 護岸の管理用通路への連絡路

放射 34 号線（晴海通り）延伸部及び環状２号線延伸部と第２及び第４街区の接する場所には護岸の管理用通路への連絡路を設置しない。

ただし、地権者は東京都と協議の上、別途、連絡路を確保する。

5　新市場の整備

(1) 地域環境への配慮

今後の基本計画策定にあたって、市場が地域環境に配慮すべき事項は、「市場づくりにおける地域環境への配慮」（別紙４）のとおりとする。

なお、周辺環境に対する負荷の軽減や地域のまちづくりに貢献する市場づくり等について、豊洲地区開発協議会で、協議、検討する。

(2) 新市場用地の譲渡

譲渡の時期については、「事業スケジュール」（別紙３）を基本とし、今後、協議の上、決定する。

また、売買価額については、売買契約締結時の適正な時価とする。

6　その他

(1) 汚染土壌対策

各地権者は、条例に基づき従前の所有地に対して、責任を持って土壌汚染に関わる調査を行う。調査の結果、汚染が判明した場合には、必要な処理対策を実施し、措置完了の届け出を行い、従後の地権者に記録の承継を行う。

(2) 地下埋設物の処理等

地下埋設物の処理については、将来の土地所有者と各地権者間で、別途、協議する。

なお、舗装撤去は土地区画整理事業の中で行う。

(3) 現業継続への配慮

土地区画整理事業、防潮護岸整備事業及び東京臨海新交通「ゆりかもめ」インフラ部整備事業の施工に当たっては、現業（暫定利用を含む）の継続及び移転に配慮した工程となるよう地権者と調整する。

(4) 疑義が生じた場合等の対応

本確認を実施するに当たり疑義が生じた場合、または社会経済状況等の大幅な変化により本確認内容を見直す必要が生じた場合、東京都と民間地権者の双方は、お互い誠意を持って協議する。

この確認の証として本書を９通作成し、東京都港湾局臨海開発部長、東京都知事本部首都調査担当部長、東京都都市計画局都市づくり政策部長、東京都建設局市街地整備部長、東京都中央卸売市場管理部長、東京ガス株式会社管財部長、東京ガス豊洲開発株式会社取締役社長、東京電力株式会社用地部長及び東京鉄鋼埠頭株式会社取締役社長は、それぞれ記名押印の上、各自１通を保有する。

平成 14 年 7 月 31 日

東京都港湾局臨海開発部長	三　枝　修　一
東京都知事本部首都調査担当部長	関　口　栄　一
東京都都市計画局都市づくり政策部長	森　下　尚　治
東京都建設局市街地整備部長	田　中
東京都中央卸売市場管理部長	橋　本　康　男
東京ガ[redacted]管財部長	[redacted]
東京ガ[redacted]株式会社取締役社長	江　口　[redacted]
東京電力株式会社用地部長	[redacted]
東京鉄鋼埠頭株[redacted]長	内　山　久　八

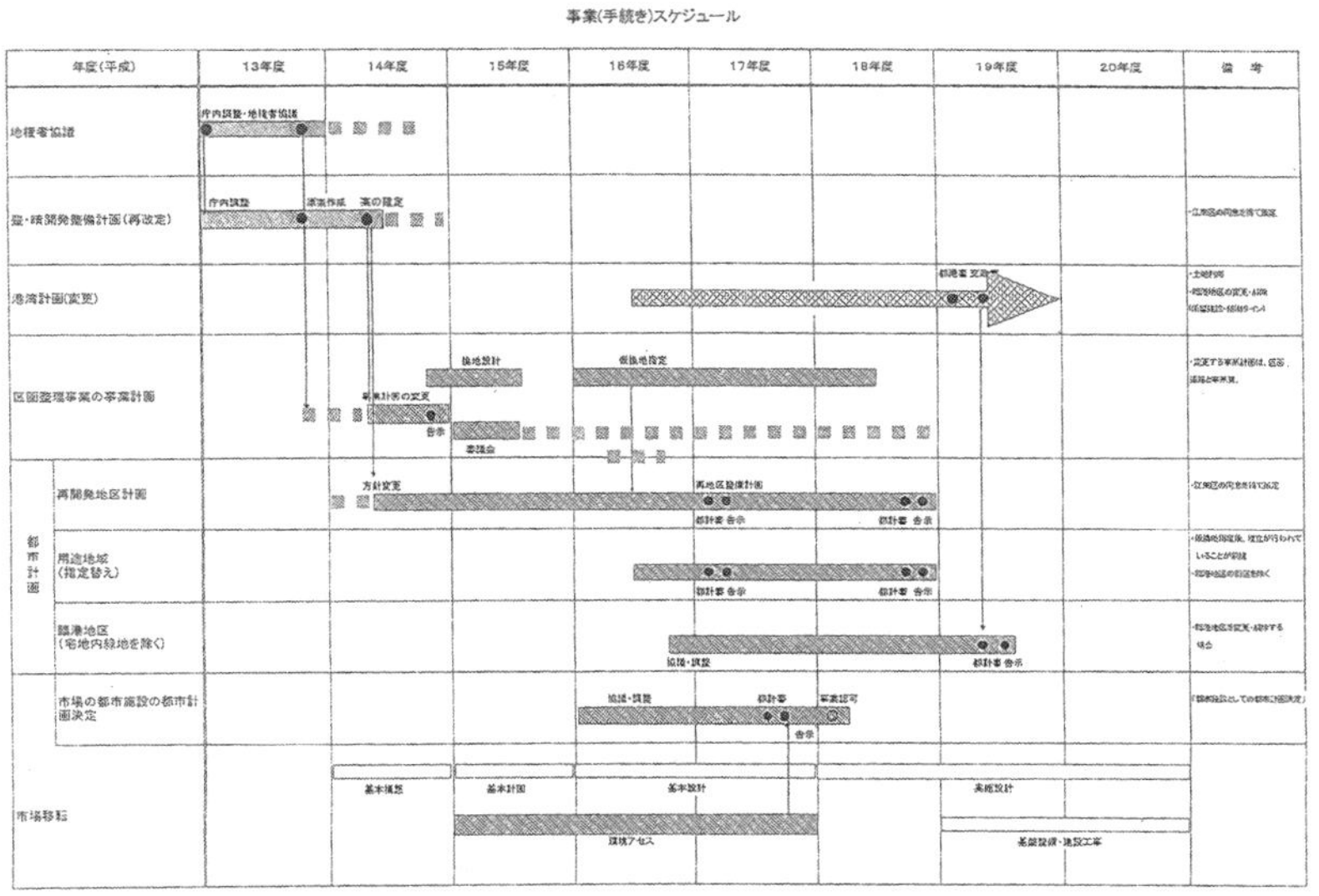
事業(手続き)スケジュール
年度(平成)
13年度
14年度
15年度
16年度
17年度
18年度
19年度
20年度
備　考
地権者協議
庁内調整・地権者協議
豊・晴海開発整備計画(再改定)
庁内調整
素案作成
案の確定
港湾計画(変更)
区画整理事業の事業計画
換地設計
仮換地指定
事業計画の変更
告示
審議会
都市計画
再開発地区計画
方針変更
再地区整備計画
都計審 告示
用途地域
(指定替え)
臨港地区
(宅地内線地を除く)
協議・調整
市場の都市施設の都市計画決定
都計審
事業認可
市場移転
基本構想
基本計画
基本設計
環境アセス
実施設計
基盤整備・施設工事

(別紙3)(1)

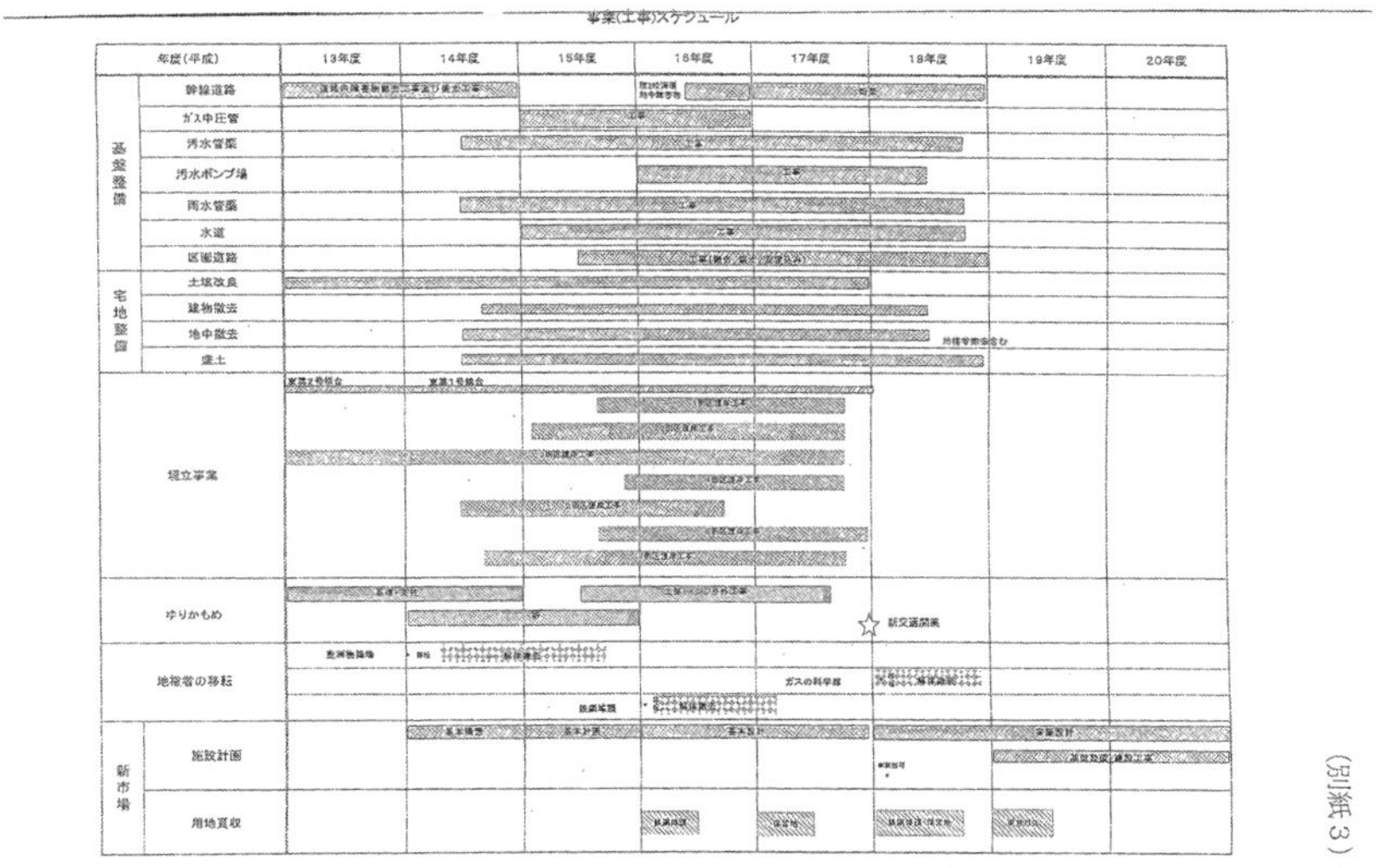
事業(工事)スケジュール
年度(平成)
13年度
14年度
15年度
16年度
17年度
18年度
19年度
20年度
基盤整備
幹線道路
ガス中圧管
汚水管渠
汚水ポンプ場
雨水管渠
水道
区画道路
宅地整備
土壌改良
建物撤去
地中撤去
盛土
埋立事業
ゆりかもめ
新交通開業
地権者の移転
ガスの科学館
新市場
施設計画
用地買収

(別紙3)(2)

乙第　4　号証

豊洲地区用地の土壌処理に関する確認書

東京都、東京ガス株式会社及び東京ガス豊洲開発株式会社は、豊洲新市場建設予定地である東京ガス株式会社及び東京ガス豊洲開発株式会社の所有地における汚染土壌の処理の方法等について、下記のとおり確認する。

記

1　東京ガス株式会社及び東京ガス豊洲開発株式会社は、都民の健康と安全を確保する環境に関する条例（以下「条例」という。）第１１７条に基づき平成１４年１１月に東京都あて提出した汚染拡散防止計画書に記載する計画を実施することに加え、次の対策を講じる。

条例施行規則別表第１２に規定する汚染土壌処理基準（以下「処理基準」という。）を超える操業由来の汚染土壌については、道路（幹線街路及び補助線街路）の区域の下となる箇所及びＡＰ＋２ｍより下部に存するものを除き、除去するか又は原位置での浄化等により処理基準以下となる対策を行う。

また、土壌処理に伴って掘削した土壌については、埋立由来の汚染についても適切に処理を行う。

2　東京都、東京ガス株式会社及び東京ガス豊洲開発株式会社は、土地区画整理事業、土壌汚染処理及びその他の関連事業に係る工事について、十分に工程調整等を行うものとし、東京ガス株式会社及び東京ガス豊洲開発株式会社は、この調整等の結果を踏まえ、上記１の処理を、当該土地が土地区画整理事業により仮換地として整理後の地権者に引き渡され又は保留地として処分される時までに責任をもって実施する。

3　東京都は、新海面処分場及び中央防波堤外側埋立地の受入基準を満たしている土壌については、所定の手続を経て両処分場に受け入れる。

1

4　土壌処理後の土地造成は、東京都、東京ガス株式会社及び東京ガス豊洲開発株式会社が協議したうえで、必要に応じ土地区画整理事業の一環として東京都が行う。

5　東京都、東京ガス株式会社及び東京ガス豊洲開発株式会社は、相互に協力してこの確認書の内容が円滑に実施されるよう努力するものとし、内容に疑義が生じた場合は、誠意を持って協議する。

以上を確認することの証として本書を７通作成し、東京都中央卸売市場長、東京都知事本局長、東京都都市整備局長、東京都環境局長、東京都港湾局長、東京ガス株式会社取締役社長及び東京ガス豊洲開発株式会社取締役社長は、それぞれ記名押印の上、各自１通を保有する。

平成１７年　5月３１日

東京都中央卸売市場長	森　澤　正　範
東京都知事本局長	前　川　燿　男
東京都都市整備局長	梶　山　　　修
東京都環境局長	平　井　健　一
東京都港湾局長	成　田　　　浩
東京ガス株式会社取締役社長	市　野　紀　生
東京ガス豊洲開発株式会社取締役社長	江　口

3

甲第5号証

豊洲地区用地の土壌汚染対策の費用負担に関する協定書

東京都（以下「甲」という。）、東京瓦斯株式会社（以下「乙」という。）及び東京ガス豊洲開発株式会社（以下「丙」という。）は、別紙に示す「豊洲地区用地の開発に関わる経緯」を確認した上で、東京都市計画事業豊洲土地区画整理事業（以下「区画整理事業」という。）施行区域内の豊洲新市場予定地において、今般甲が実施する土壌汚染対策における乙及び丙の費用負担について、次のとおり合意する。

（目的）
第1条　甲、乙及び丙は、第2条で定める対象用地における甲と乙及び丙の間における豊洲地区用地の土壌汚染に起因する一切の問題を解決することを目的として、今般甲が実施する土壌汚染対策について、乙及び丙が費用の一部を負担することとし、その内容を本協定書で定める。

（対象用地）
第2条　本協定書の対象用地は、区画整理事業施行区域内の豊洲新市場予定地及び補助第315号線高架下とする。

（費用負担額）
第3条　甲が実施する土壌汚染対策に要する費用のうち、乙及び丙が負担する額を次のとおり確定する。

乙の負担額　　　金２４０，０００，０００円
丙の負担額　　金７，５６０，０００，０００円

2　費用負担対象となる土量に変動が生じた場合においても、甲、乙及び丙は異議を申し立てず、費用負担額の増減を行わない。

（支払時期及び方法）
第4条　第3条に定める費用負担額の支払いは、乙及び丙が豊洲新市場予定地内に所有する土地について、それぞれ甲と締結する土地売買契約に定める土地代金から控除する方法による。

（本協定書の失効）

第５条　本協定書は、甲と乙及び丙間の豊洲新市場予定地内の土地についての土地売買契約（平成 23 年 3 月 31 日付 22 財財管第 717 号及び 22 財財管第 718 号）の全部又はいずれか一方がその履行完了前に解除その他の理由により失効した場合には、本協定書も効力を失う。

（確認）

第６条　甲、乙及び丙は、別紙「豊洲地区用地の開発に関わる経緯」に鑑み、本協定書に定める内容について誠意をもって履行することとし、今後、乙及び丙は対象用地の土壌汚染にかかる費用負担をしないことを確認する。

（協議）

第７条　本協定書に定めのない事項、または本協定書に関して疑義が生じた場合、あるいは社会経済状況等の大幅な変化により本合意内容を見直す必要が生じた場合は、お互いに誠意を持って協議し、解決を図る。

本合意の証として、本協定書を３通作成し、東京都知事、東京瓦斯株式会社代表取締役、東京ガス豊洲開発株式会社代表取締役は、それぞれ記名押印の上、各自１通を所有する。

平成２３年３月３１日

甲　東京都知事　石 原 慎太郎

乙　東京瓦斯株式会社代表取締役　岡 本 毅 [redacted]

丙　東京ガス豊洲開発株式会社代表取締役　柳 澤 道 [redacted]

【別紙】

豊洲地区用地の開発に関わる経緯

1　豊洲地区の開発整備について

○　豊洲地区の開発整備については、平成２年６月、東京都（以下「都」という。）が民間地権者との合意のもと、「豊洲・晴海開発整備計画」を策定した（平成９年４月改定）。

○　当初計画において、都は、一極集中型から多心型都市構造へと転換を図るため、都心部と臨海部との中間に位置する豊洲地区について、居住機能を重視しつつ、業務・商業の調和の取れた複合市街地としての開発を目指すこととした。

○　具体的には、土地区画整理事業を開発手法とし、街区の整備と併せて環状２号線など広域幹線道路も含めて整備することにより、東京全体の都市づくりと調和の取れた開発を行うこととし、平成９年１２月に事業に着手した。

○　一方、東京瓦斯株式会社及び東京ガス豊洲開発株式会社（以下「東京瓦斯等」という。）は、この上位計画の下に具体的な開発プランを作成し、開発案件の誘致に着手するとともに、都市再開発に向けた取組みを推進していた。

2　築地市場の豊洲地区への移転整備への転換

○　東京都中央卸売市場築地市場は、昭和１０年に開場して以来７５年が経過し、施設の狭隘化、老朽化が進行していた。都は、昭和６１年に現在地での再整備を決定し、平成３年に再整備工事に着手したが、営業を継続しながらの整備には困難が伴い、様々な問題が生じ、平成８年に本格着手する前に工事が中断した。

○　工事の中断後、基本計画の見直しや現在地再整備の再検討が行われたが、築地市場の業界団体は、豊洲地区を念頭に置いた臨海部への移転可能性の検討についての要望を都に行った。こうした経緯を経て、平成１１年１１月に行われた都と業界団体の代表者で構成する「築地市場再整備推進協議会」において、現在地再整備は困難であり、移転整備へと方向転換すべきと意見集約された。

○　この意見集約を受けて、平成１１年１１月、都は豊洲地区の先端部を念頭に置いて、東京瓦斯株式会社に対して築地市場の豊洲移転を打診し、最終的には、平成１３年に策定した第７次東京都卸売市場整備計画において、現行の計画を改め、築地市場を豊洲地区に移転することを決定した。

3　東京瓦斯株式会社による土壌汚染対策

○　東京瓦斯等は、築地市場の豊洲地区への移転を受入れる以前の平成１０年７月から１１年１０月にかけて、石炭ガス工場の操業に由来する土壌汚染対策として、自主的に土壌汚染調査を実施し、平成１３年１月、調査結果とともに、対策工事についても公表するなど、土壌汚染対策に積極的に取組んできた。

○　こうした中、前記都による築地市場の豊洲移転の打診については、東京瓦斯は当初から、市場移転先を埠頭根元とする変更の提案と土壌汚染の存在の指摘を行った。これに対して都は、市場機能の確保とまちづくりの調和の観点から市場の先端部配置を要望するとともに、土壌汚染の存在及び処理の必要性を確認した。

○　その後、東京瓦斯等は、卸売市場が公益性の高い施設であることから、これまでの開発計画を変更して築地市場の豊洲地区への移転を受入れることとした。

○　これを受けて、「豊洲・晴海開発整備計画」が再改定され、平成１４年７月、都と東京瓦斯等を含む民間地権者との間で「豊洲地区開発整備に係る合意」及び「「豊洲地区開発整備に係る合意」に当たっての確認」が締結され、土壌汚染対策については、各地権者が、従前の所有地に対して、都の環境確保条例に基づき責任を持って調査を行い、調査の結果、汚染が判明した場合には、必要な処理対策を実施し、措置完了の届け出を行うことを確認した。

○　これに基づき、東京瓦斯等は、具体的な対策工事について、平成１４年１１月、「汚染拡散防止計画書提出書」を提出し、都は、その内容を確認し受理した。

○　その後、都は、東京瓦斯等に対して、追加の土壌対策を要請し、協議の上、平成１７年５月、「豊洲地区用地の土壌処理に関する確認書」を締結し、東京瓦斯等は、平成１４年１１月に都に提出した汚染拡散防止計画書に記載する対策を実施することに加えて、工場操業時の地盤面（ＡＰ＋４ｍ）の下２ｍ（ＡＰ＋２ｍ）については、環境基準以下とすることを内容とする、追加の上乗せ対策を実施す

ることで合意した。

○ 上記確認書に基づき、東京瓦斯等は、平成１７年９月、「汚染拡散防止計画書提出書」を都に追加提出し、上乗せの対策も含めて土壌汚染対策を実施した。

○ 東京瓦斯等は、対策工事を終了し、平成１９年４月までに、都に対し「汚染拡散防止措置完了届出書」を提出した。都は、内容を確認し、正式に受理した。これにより、東京瓦斯等は、都と締結した「合意」あるいは「確認書」等における土壌汚染対策の内容を含め、都の環境確保条例上の手続を全て完了した。

4 都が実施した調査により確認された土壌汚染についての対応

○ 都は、平成１９年４月、「豊洲新市場予定地における土壌汚染対策等に関する専門家会議」を設置し、新市場予定地について「食の安全・安心」確保の観点から、市場用地としての安全性を高いレベルで確認するため、改めて法令を上回る詳細な調査を実施した。専門家会議においては、東京瓦斯等が実施した土壌汚染対策は都の環境確保条例が求める内容を十分に満たしたものであることが確認されたが、詳細調査の結果、新たに操業由来の汚染物質が検出され、前記専門家会議において、法令上の対策を上回る内容を含む、都が行うべき土壌汚染対策の提言が行われた。

○ 専門家会議の終了後、引続き設置された「豊洲新市場予定地の土壌汚染対策工事に関する技術会議」において、具体的な実施工法等が検討され、ここでの検討内容も含めて、都は、平成２１年２月、「豊洲新市場整備方針」を策定し、豊洲新市場予定地において実施する土壌汚染対策を取りまとめた。

○ これを受けて、都は、東京瓦斯等に対して、都が実施する土壌汚染対策経費の一部負担について、協議の申入れを行った。

○ 東京瓦斯等は、前記のとおり、既に都の環境確保条例上の手続を完了しており、新市場予定地における土壌汚染対策に関する責務は履行済であり、負担に応じる法的責任はない。しかし、卸売市場が公益性の高い施設であること及び都の施策に協力する趣旨から、都との協議に応じることとし、今般、合意したことから、本協定書を締結することとした。

収入印紙 [redacted] 100,000円　収入印紙 [redacted] 100,000円　収入印紙 [redacted] 100,000円　収入印紙 [redacted] 60,000円

甲第 / 号証　甲 /

２２財財管第７１８号

土地売買契約書

買主 東京都を甲とし、売主　東京瓦斯株式会社を乙とし、甲乙間において、次の条項により、土地売買契約を締結する。

（売買物件及び売買価額）

第１条　乙は、次に掲げる土地（東京都江東区豊洲六丁目２１番５（以下「従前の土地」という。）について、土地区画整理法（昭和29年法律第119号）第98条第１項の規定に基づき指定された仮換地（以下「本件土地」という。））を、金3,226,500,000円をもって甲に売り渡す。

所在地	地目	地積	単価	金額
（本件土地）東京都市計画事業豊洲土地区画整理事業施行地区内第6-1街区豊六21-5(仮換地)	宅地	㎡ 6,453	円 500,000	円 3,226,500,000
（従前の土地）江東区豊洲六丁目２１番５	宅地	8,669.06	―――	―――

２　甲及び乙は、本件土地について、売買契約締結後、土地区画整理法第１０３条による換地処分により確定した換地地積と仮換地地積とに差異が生じても、売買代金の清算は行わないものとする。

（代金の支払）

第２条　甲は、前条の売買金額から第７条及び第８条に規定する各協定書において定めた乙が負担すべき金額を控除した残額を第４条第１項の所有権移転登記及び第５条の本件土地の引渡し完了後、乙の請求があった日から30日以内に支払うものとする。

（所有権の移転）

第３条　従前の土地の所有権は、この契約と同時に、乙から甲に移転するものとする。

（所有権の移転登記）

第４条　従前の土地の所有権移転登記は、この契約締結後、甲の嘱託により速やかに行うものとする。

２　乙は、この契約締結後、直ちに前項の所有権移転登記に必要な書類を、自己の負担において、甲に提出しなければならない。

（本件土地の引渡し）

第５条　本件土地は、この契約締結と同時に、乙から甲に対し現状のまま引渡しがあったものとする。

（権利の消滅）

第６条　乙は、従前の土地について第三者が権利を有するときは、第４条第１項の所有権移転登記の嘱託の日の前日までに、その一切の権利を消滅させなければならない。

２　前項の権利の消滅に要する費用は、乙の負担とする。

（地下埋設物の取扱い等）

第７条　本件土地に残置されている埋設物に関しては、平成18年３月31日付けで東京都と民間地権者（東京ガス株式会社、東京ガス豊洲開発株式会社、東京電力株式会社、東京鉄鋼埠頭株式会社）の間で締結された「豊洲新市場予定地内に残置される地下埋設物の取扱いに関する協定書」及び平成19年３月30日付けで東京都中央卸売市場と東京ガス株式会社及び東京ガス豊洲開発株式会社の間で締結された「豊洲新市場予定地内の排水管等の取扱に関する協定書」に基づくものとする。

（土壌汚染の取扱い等）

第８条　本件土地の土壌汚染に関しては、同日付けで締結した「豊洲地区用地の土壌汚染対策の費用負担に関する協定書」に基づくものとする。

（紛争の解決）

第９条　乙は、この契約に関し、第三者から異議の申立て又は権利の主張等があったときは、自己の責任において、解決するものとする。

（権利の譲渡）

第10条　乙は、この契約に基づく権利を譲渡しようとするときは、事前に甲の承認を受けなければならない。

（公租公課）

第11条　従前の土地に賦課される公租公課は、第４条第１項の所有権移転登記完了後であっても、乙を義務者として課されるものについては、乙の負担とする。

（契約の解除）

第12条　甲は、乙がこの契約条項に違反したときは、催告しないで、この契約を解除することができる。

（契約の費用）

第13条　この契約の締結に要する費用は、乙の負担とする。

（清算金の納付又は受領）

第14条　土地区画整理法第１１０条第１項の規定に基づき本件土地について徴収され、又は交付される清算金がある場合は、その清算金を甲が納付し、又は受領するものとする。

（管轄裁判所）

第15条　この契約から生ずる一切の法律関係に基づく訴えについては、甲の事務所の所在地を管轄する地方裁判所をもって管轄裁判所とする。

（疑義の決定等）

第16条　この契約の各条項の解釈について疑義が生じたとき又はこの契約に定めのない事項については、甲乙協議のうえ、定めるものとする。

甲と乙とは、本書を２通作成し、それぞれ記名押印のうえ、その１通を保有する。

平成２３年　３月３１日

甲　東京都

代表者　東京都知事　石原　慎太郎

乙　東京都港区海岸一丁目５番２０号

東京瓦斯株式会社

代表取締役　岡本　毅 [redacted]

資料6　区画整理事業区域（従前所有状況）

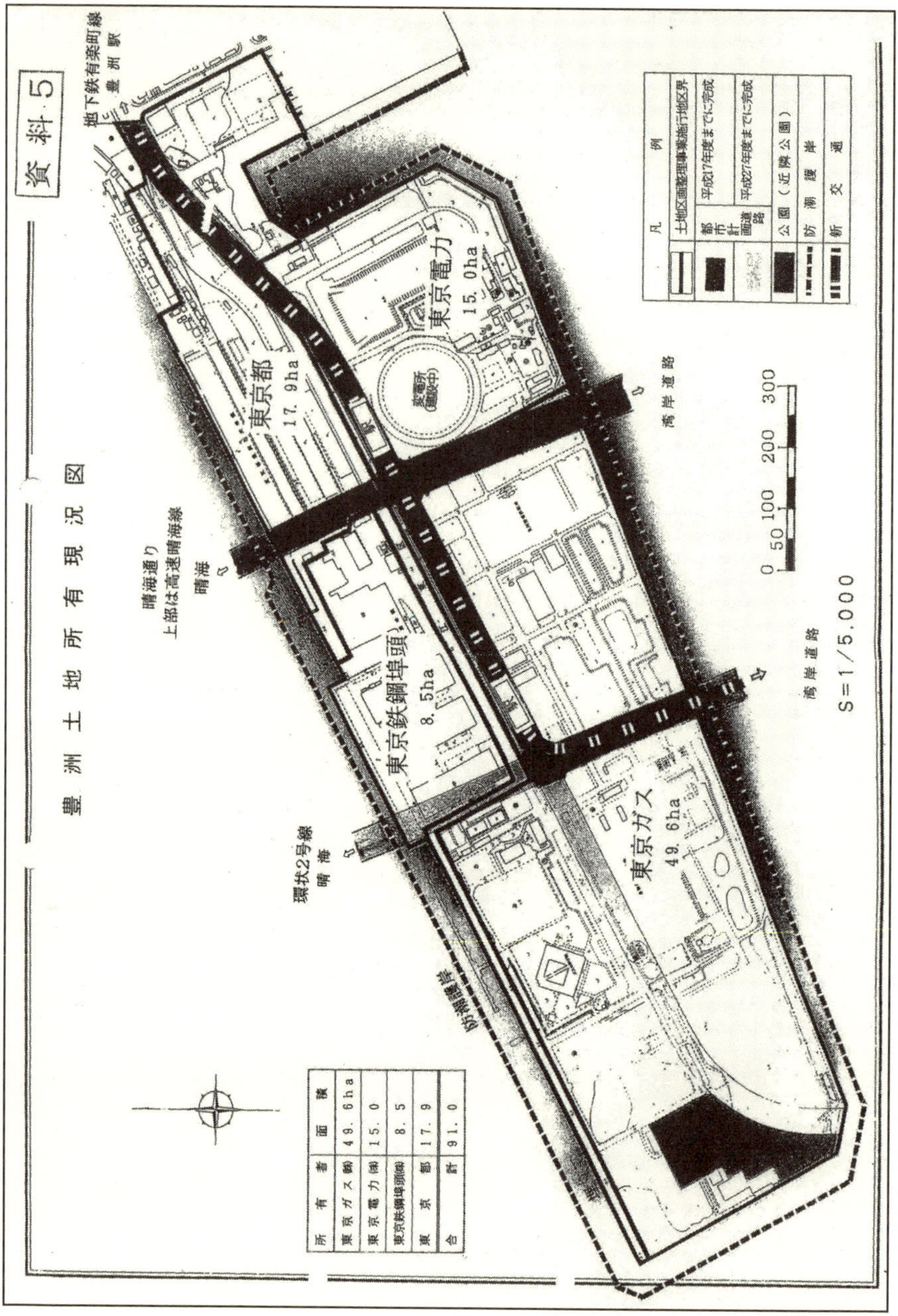

資料7　築地市場移転関連年表

豊洲新市場用地　用地取得関連　バブル期開発計画から移転の方向まで

1984年 3月	日本プロジェクト産業協議会（JAPC）通産省委託報告書提出 築地など銀座周辺7ヶ所を大規模都市再開発の候補地に	↓ 鈴木都知事 ↓
1986年11月	東京臨海部開発推進協議会発足	（1956年～32年間） 操業
1987年 3月	「東京テレポート構想検討委員会報告」発表	
1988年 3月	「東京臨海副都心開発基本計画」「豊洲・晴海開発基本方針」発表	東京ガス豊洲工場操業停止
1991年	築地現在地再整備着手　工事費予定2380億円	この頃バブル崩壊
1995年 4月	青島都知事誕生	青島都知事
6月	土壌汚染対策立法に向け土壌環境保全対策懇談会「課題と当面の対応」まとめ	↓
1996年	築地現在地再整備工事中断（再試算3400億円・業界調整、工期20年等理由）	400億円市場→一般会計に貸付※ ※破綻した臨海会計に使われる
4月	「東京臨海副都心開発計画」見直し	
1997年 4月	「豊洲・晴海再開発整備計画」改定	
1998年 1月	**区画整理事業「豊洲地区開発整備に関わる基本合意」文書**	
7月	東京ガスが豊洲ガス工場跡地の汚染調査を開始	
8月	「築地市場の整備構想に係る調査」三菱総研　移転の為の調査開始	
9月	市場用地交渉開始、都市場担当課長、移転の打診。東ガス否定的	
12月	東京魚市場卸協同組合が、築地市場の現地再整備を機関決定	
1999年 2月	水産仲卸団体と水産買出人団体、移転反対。業界一本化不成立	
4月	石原慎太郎、都知事初当選（公約：東京都の財政立て直し）	石原都知事
9月	石原都知事築地視察（大矢市場長案内）「古い、狭い、危ない」	↓
11月	第28回築地市場再整備推進協議会は移転整備の方向で検討をまとめる （業界6団体の意見はまとまらず、業界委員6名の連盟で移転判断を求める要望）	
11月	築地を利用する買出人、地元の商店街、自治会、中央区など12日間の署名活動、移転反対10万6000人の署名	2000億円市場→一般会計に貸付※ 利用可能積立残高約600億円

豊洲市場用地　用地交渉（濱渦）から第一次土地取得まで

2000年10月	東京ガス交渉　濱渦副知事　大矢市場長、赤星理事、野村（政策報道） 副知事「都の代表」表明、東ガス用地交渉に「協力」表明及び「土地価格」「開発「負担金」の条件提示要求。副知事「最大協力」「東京総体としての協力」約束	濱渦副知事/7月 ↓ 赤星理事/8月 政策報道室 ↓

	●東京都環境確保条例公布 2000/12 ●赤星理事・条例と土壌 Xday 東ガス資料 2000/12 ●東京ガス汚染調査発表 2001/1	
2001年 7月 （6日）	東京ガス伊藤副社長、濱渦副知事「築地市場の豊洲移転に関する東京都と東京ガスとの基本合意」移転に関する諸条件合意	赤星局長 /7 月 環境局 三宅理事 /7 月 ↓
7月 （18日）	東京ガス高木室長、都野村政策報道部長「基本合意に当たっての確認書」	
	汚染、条例に従って処理（覆土で安全）、売買時、時価相当額で 開発負担金 486 億円都側負担	
	●東京都環境確保条例施行 2001/10 ●土壌汚染対策法成立 2002/5	
2002年 7月	区画整理事業「平成 14 年豊洲地区開発に係る合意」及び「合意に当たっての確認」 東京都、東京ガス、東京電力、鉄鋼埠頭「汚染土壌対策：環境確保条例に基づき対応」H13 年指針による調査対策により汚染ゼロベース換地	前川局長 /7 月 知事本局 ↓
	●土壌汚染対策法施行 2003/2	
2005年 5月	東京都と東京ガス、土壌汚染の処理の方法等について「平成 17 年豊洲地区用地の土壌処理に関する確認書」 道路と AP2m 以深を除き操業由来の汚染を除去する	濱渦退職 /6 月 前川退職 /7 月 前川東ガス /9 月 ～ 12 年 3 月まで
2006年 1月	東京都財産価格審議会「市場予定地内保留地 -1 の評価について」	
2月	新市場予定地の購入売買契約（江東区 5 街区保 5-1）	
10月	東京都議会で 2016 オリンピック開催招致を決議	
	（2014 年 12 月市場開場計画）	
11月	新市場予定地の購入売買契約（江東区 5 街区保 5-2）	
11月	東京都財産価格審議会議案第 25 号（江東区 7 街区）	

専門家会議・残置汚染発覚から移転延期・対策工事失敗の確定

2007年 4月	石原慎太郎都知事選挙 3 選目	石原都知事 ↓
	●都知事選挙前後　築地水産仲卸を中心に移転反対デモ相次ぐ	
5月	専門家会議スタート	
2008年 7月	専門家会議終了報告書	
8月	技術会議スタート	
2009年 2月	技術会議報告書対策費 586 億円	
	●改正土壌汚染対策法公布 2009/4 ★土壌コアサンプルを廃棄しないよう求め東京地裁へ提訴 2009/8	
2010年 1月	「汚染処理、都だけ負担も」「東ガス義務規定なし」平成 17 年確認文書・朝日新聞スクープ	

	★汚染地購入、知事ら幹部が都に返還するよう求め、都民が住民監査請求 2010/3 ★汚染地 2006 年購入、公金返還請求訴訟（第一次）を東京地裁 2010/5 ●改正土壌汚染対策法施行 2010/4 ★用地取得差止め請求・住民監査請求 1328 名　2010/12	
2011 年 2 月	★用地取得差止め訴訟提訴（3 月 31 日付予算執行で訴えの利益がなくなり後日取下げ）	
3 月	東京都財産価格審議会議案　第 34 号　汚染当事者間「別途協議」審議放棄・10 日	
3 月	移転を含む中央卸売市場会計予算可決 / 東日本大震災・11 日 ★用地取得差止め請求・住民監査請求（協議金成立により）30 日	
3 月	都と東京ガス用地取得に係る合意締結　東京ガス協議金 78 億円・31 日	
3 月	東京ガスなどから用地購入　578 億円、港湾局換地分か用地取得 561 億円（3 月、4 月）	
4 月	石原慎太郎都知事選挙 4 選目	
11 月	土壌汚染対策工事・液状化対策工事着工	
2012 年 3 月	★汚染購入、住民監査請求　700 名・2 日 ★協議金 78 億円に対する住民監査請求・28 日	
5 月	★汚染購入、住民監査結果「却下」 ★汚染地 2011 年購入、公金返還請求訴訟（第二次）	
12 月	猪瀬直樹都知事誕生	猪瀬都知事 ↓
2013 年 9 月	2020 年東京オリンピック招致決定	
12 月	★土壌コアサンプル廃棄差止め裁判最高裁棄却決定 後日コアサンプル廃棄処分	
2014 年 2 月	舛添要一都知事誕生	舛添都知事 ↓
11 月	技術会議「汚染対策工事完了の確認」宣言・地下水 2 年間モニタリング開始	
12 月	★汚染地 2006 年購入、公金返還請求訴訟（第一次）最高裁棄却決定	
2016 年 8 月	小池百合子都知事誕生　築地移転延期宣言	小池都知事 ↓
9 月	建物下盛土なし発覚	
2017 年 1 月	2 年間モニタリング（201 中）72 か所で基準超、ベンゼン最大 79 倍、対策工事の失敗確定	